看懂金融的
第一本书

［加］陈思进◎著

SPM 南方出版传媒· 广东人民出版社
·广州·

图书在版编目（CIP）数据

看懂金融的第一本书 /（加）陈思进著. —广州：广东人民
出版社，2020.10
ISBN 978-7-218-13941-8

Ⅰ．①看… Ⅱ.①陈… Ⅲ.①金融—基本知识 Ⅳ.①F83

中国版本图书馆CIP数据核字（2019）第235932号

KANDONG JINRONG DE DI-YI BEN SHU

看懂金融的第一本书 ［加］陈思进 著 版权所有 翻印必究

出 版 人：肖风华

策划编辑：郑　薇
责任编辑：郑　薇　李丹红
营销编辑：李丹红
责任技编：吴彦斌
装帧设计：水玉银文化

出版发行：广东人民出版社
地　　址：广州市海珠区新港西路204号2号楼（邮政编码：510300）
电　　话：（020）85716809（总编室）
传　　真：（020）85716872
网　　址：http://www.gdpph.com
印　　刷：广东鹏腾宇文化创新有限公司
开　　本：787毫米×1092毫米　1/16
印　　张：13.25　字　数：135千
版　　次：2020年6月第1版
印　　次：2020年10月第2次印刷
定　　价：49.00元

如发现印装质量问题，影响阅读，请与出版社（020-85716849）联系调换。
售书热线：（020）85716826

序　言

　　我们的生活方方面面都和钱分不开，有钱的地方就有金融。金融知识跟我们的生活息息相关，它可以让你发现机遇，学会理财，懂得经营。懂一些金融知识，对我们的生活大有裨益。

　　金融是我们看懂世界、享受富足人生的有力工具。你的钱放对位置了吗？你知道钱放在什么地方最安全吗？你知道怎么用简单的金融理论去解释当前风云突变的国内外经济热点吗？你知道作为投资者，怎么做出"高深莫测"的投资决策吗？……诸如此类，都属于金融学的问题。金融学不仅可以撬动我们生活的世界，而且还非常有趣。可以说，金融学是一门人人都应该懂，人人都能懂，人人都会用的学问。在这个时代，如果缺少金融知识，或者没有正确运用金融知识，可能会很大程度上影响你的生活。

　　众所周知，在通货膨胀的年代，借钱消费是明智之举。因为从银行借来的钱很值钱，偿还的却是贬值了的钱，因为通货膨胀侵蚀了金钱的价值。举例来说，当你去银行签下一纸买房合同时，银行似乎只能眼睁睁地看着他的购买力被稀释，而你却好像大获全胜——因为你够精明，懂得以负债来抗衡通货膨胀。这也是银行一直以来宣传的"用明天的钱圆今天的梦"的借贷消费模式。

　　但是请别忘了，银行并不是慈善机构，借钱是需要偿还利息的。他们以"贷款是最聪明的做法"来引诱消费者借贷，2007年8月开始席卷美国的"次贷危机"就是最好的实证：当时，全社会都以为进入房市有利可图，有的人为了获取房贷不惜一切代价，甚至出具假证明，心甘情愿被银行收取高额利息，因为他们相信，投入房市的收益一定会超过银行的贷款利息。然而，只要你的资金链断裂，银行清算你获得的"收益"的时候也就到了。在特定的情况下，比如你因失业无法偿还债务时，银行就可以名正言顺地剥夺你的房产——谁叫你借钱不还的？

所以，我们在投资之前，首先要树立"投资理财首先保值，其次才是增值"的正确观念。只要你的投资回报能跑赢物价变动指数（CPI），就守住了财富，你就是胜利者了。

因此，我写了这本书，希望尽量为大家浅显地普及金融学知识，帮助大家掌握一些金融规律，同时结合这几年来全球金融市场的变化，进一步解析金融现象背后的财富逻辑。希望你能运用金融学的基本知识来应对生活中种种相关的问题，更重要的，是学会用全新的金融思维看懂世界运行的规律，建立科学的金融观，不去随波逐流，而是追求属于自己的富足、幸福的人生。

目　录

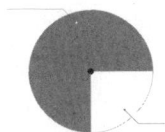

第一章

看懂金融第一步：
了解基本概念

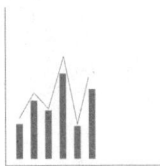

经济的晴雨表——利率

利率，又叫利息率，是衡量利息高低的指标。它是一定时期内利息额和本金的比率。利率不但能够反映货币与信用的供给状态，而且能够带来供给与需求的相对变化。利率水平趋高被认为是银根紧缩，利率水平趋低则被认为是银根松弛。

通常国家的利率政策被描述为：宽松政策利于促进经济增长，但容易导致通货膨胀；中性政策旨在保持稳定；从紧政策利于降低通货膨胀，却可能提高失业率。

调控利率的主要对象，包括再贷款利率、再贴现利率、存款准备金利率、超额存款准备金利率、金融机构存贷款利率等。其中，贴现率是指持票人以没有到期的票据向银行要求兑现时，银行将利息先行扣除所使用的利率。如果银行将已贴现过的未到期票据作担保，向中央银行申请借款时，按中央银行规定所支付的预扣利率，则称为再贴现率。

再贴现率是中央银行和商业银行之间的贴现行为。调整再贴现率，可以控制和调节信贷规模，影响货币供应量。当中央银行提高再贴现再贷款利率时，商业银行借入资金的成本上升，基础货币得到收缩。相反，当中央银行降低再贴现再贷款利率时，商业银行借入资金的成本下降，基础货币得到扩张。

当央行提高存款准备金利率时，商业银行就会增加超额存款准备金，从而使基础货币量收缩，反之，基础货币量将会扩张。

当央行提高金融机构存贷款利率时，居民存款的积极性提高，会导致企业贷款积极性降低。反之，当央行降低金融机构存贷款利率时，居民存款的积极性降低，会导致企业贷款积极性提高。所以通过控制金融机构存贷款利率对货币供应量的影响很难确定，但能够明确地改变货币供应量的配置。

如果同时对多种利率结构和档次进行调整，实际上是属于利率双轨（多轨）制，不仅很难确定调控经济的作用，而且容易造成腐败，所以中央银行通常只能选用其中一种利率作为操作目标。

由此可见，调控不同的利率对象，有着不同的效能，可能导致互相矛盾的效应。如果同时对多种利率结构和档次进行调整，实际上是属于利率双轨（多轨）制，不仅很难确定调控经济的作用，而且容易造成腐败，所以中央银行通常只能选用其中一种利率作为操作目标。

国际贸易的基础——汇率

汇率是国际贸易中非常重要的调节工具。每个国家生产的商品都按本国货币来计价，汇率高低直接关系到国际市场上的售价，对于商品的国际竞争力具有决定性的影响。

一个国家的货币升值，就会增加出口商品在国际市场上的成本，削弱该国商品的竞争力，并反过来刺激大量商品进口。反之，货币贬值，则该国商品在国际市场上的价格就会降低，竞争力增强，从而刺激扩大出口。但因货币的国际购买力下降，进口商品必须付出较高代价。

> 中国改革开放以来，进出口额高速稳步增长，在很大程度上得益于稳定的人民币汇率政策。

汇率波动会给进出口贸易带来很大影响，因此许多经济体倾向于实行相对稳定的货币汇率政策。中国改革开放以来，进出口额高速稳步增长，在很大程度上得益于稳定的人民币汇率政策。

汇率有多种分类方法。按汇率确定方法，可分为官定汇率（法定汇率，Official Rate）和市场汇率（Market Rate）。

官定汇率是指官方（如财政部、中央银行或经指定的外汇专业银行）所规定的汇率。在实行外汇管制的国家，禁止自由市场的存在，官定汇率就是实际汇率，而无市场汇率。

市场汇率是指在自由外汇市场上买卖外汇的实际汇率。在外汇管制较松的国家，官定汇率往往只是形式，有价无市，实际外汇交易均按市场汇率进行。

市场汇率由哪些因素决定？从根本上说，一种货币的价值，在于它的购买力；据此，汇率本质上应为购买力的比值。例如，一只汉堡在英国卖1.5英镑，同样的汉堡在美国卖2.4美元。据此，我们说汇率为2.4/1.5＝1.6，即1英镑对1.60美元。

但是，除了汉堡以外，世界上商品千千万万，不同商品的货币购买力比值是不一样的，而且在贸易市场中各有自身的加权比重。因此，通过购买力比较来推求汇率是一件非常复杂和困难的工作。

市场汇率及其波动固然与货币在本国的购买力或物价水平有关，但更要受国际市场上货币购买力和物价水平的影响，甚至可能与国内市场的状况脱节。

国际上的经济往来并不仅仅限于商品交易，还包括国际金融市场上的信贷、投资等资本交易和其他许多方面。后者不属于货币购买力的范畴，却对汇率的变化有很大影响。因此，汇率只是部分地与货币购买力相关而已。

事实上，除了购买力这个基本要素之外，影响汇率波动的重要因素还有以下六项：

1. 国际收支及外汇储备

国际收支就是一个国家的货币收入总额与付给其他国家的货币支出总额的对比。如果货币收入总额大于支出总额，便会出现国际收支顺差，反之，则是国际收支逆差。国际收支状况对一国汇率的变动能产生直接的影响。如发生国际收支顺差，外汇储备增加，会导致该国货币升值，反之，则该国货币汇率下跌。

2. 利率

利率水平直接影响国际间的资本流动，高利率国家吸引资本流入，低利率国家则发生资本外流，造成外汇市场供求关系的变化，从而对外汇汇率的波动产生影响。一般而言，一国利率提高，将导致该国货币升值，反之，则该国货币贬值。

3. 通货膨胀

一般而言，通货膨胀会损害本币的购买力，削弱出口商品竞争力，降低国际市场上的信用地位，导致本国货币贬值，汇率下跌；反之，通货膨胀缓解则使汇率上浮。

4. 政治局势

政治局势的变化包括政治不稳、社会动乱、军事冲突、政界丑闻、选情变化和政权更迭等，都会对外汇市场产生重大影响。

5. 心理因素

市场的心理预期影响货币汇率的升跌。政治家、经济学家或者一些拥有重大影响力的人物若发表言论甚至一些暗示，有时可能比经济因素所造成的效果还明显。

6. 外汇市场投机力量的炒作

如果国际炒家对某种货币进行袭击，大量买卖这种货币，可能影响汇率急剧升降。

归根到底，市场汇率和其他商品一样，起伏波动取决于供求关系。

汇率对国家的国际贸易、货币供应、经济发展、甚至于政治稳定都有重大影响。因此一个执行市场汇率的国家，在汇率严重偏离正常水平时，中央银行往往不得不入市干预，或者联合多国协同进行干预，通过反向操作以维持汇率稳定运行。

国家的宏观调控手段——货币政策

一个国家或经济体的政府，为了稳定物价水平、支持充分就业、促进经济增长、完善社会福利、平衡国际收支等施政目标，必须制定相应的经济政策。

经济政策是一个宽泛的概念，有宏观经济政策和微观经济政策之分。宏观经济政策包括财政政策、货币政策、收入政策、产业政策等；微观经济政策是指政府制定的一些反对干扰市场正常运行的立法以及环保政策等。

货币政策（Monetary Policy）是指一个国家或经济体的货币权威机构（常指中央银行）通过控制货币来影响经济活动所采取的措施，重在通过改变货币供给量来影响宏观经济运行。

货币政策有狭义和广义之分。

狭义货币政策，指中央银行为实现其特定的经济目标而采用的各种调控货币供应量或利率等的方针和措施的总称，具体内容包括：利率政策、银行准备金政策、公开市场业务政策、信贷管制政策，以及外汇政策等，借以达到抑制通胀、降低失业率、调节进出口、促进经济增长等目标。

广义货币政策，指政府、中央银行和其他有关部门所有有关货币方面的规定和采取的影响金融变量的一切措施（包括金融体制改革，也就是规则的改变等）。

人们常说的金融政策，属于货币和财政政策互相重合的部分。

财政政策和货币政策，是宏观调控国民经济的两大基本政策体系。两者交互为用，主要是通过实施扩张或收缩性政策，用来调整社会总供给和总需求的关系。

> 人们常说的金融政策，属于货币和财政政策互相重合的部分。

财政政策是国家意图的体现，尽管制定政策的内部时滞可能较长，但其实施带有强制性，一经确定，外部时滞很短。而货币政策则主要通过调整存贷款利率、存款准备金率、票据再贴现利率和再贷款利率等手段，间接地调整民间存贷款和银行贷款意向等，经过多重环节的传导才能产生效果，因此，其外部时滞较长。为推动市场机制不断健全，国家对社会资金供求的调节应尽可能避免行政干预，主要运用货币经济手段加以引导。然而，当货币政策效果不明显时，财政政策就应该发挥其应有的主导作用。

可见，货币政策与财政政策既有不同的调节重点和手段、不同的影响和作用范围，又紧密联系、相互影响，必须正确认识和准确处理两者的关系，根据实际情况协调且灵活运用财政政策和货币政策，互相支持、密切配合，才能充分发挥其应有的作用。

货币政策调节的对象是货币供应量，即全社会总的购买力，具体表现形式为流通中的现金和个人、企事业单位在银行的存款。流通中的现金与消费物价水平变动密切相关，是最活跃的货币，一直是中央银行关注和调节的重要目标。

货币政策划分为扩张性货币政策和紧缩性货币政策两种。

扩张性货币政策，意味着通过扩大货币供给刺激总需求增长；在这种政策下，会降低利率，较易取得信贷。因此，当总需求与经济的生产能力相比偏低时，例如在经济萧条时期，适于使用扩张性的货币政策。

反之，紧缩性货币政策是通过削减货币供应的增长率以抑制总需求水平，在这种政策下，利率也随之提高，取得信贷较为困难。因此，在通货膨胀较严重时，宜用紧缩性的货币政策。

一般认为，货币政策的主要调控目标有四个：稳定物价、充分就业、促进经济增长和平衡国际收支。

1. 稳定物价

稳定物价是货币政策的首要目标，实质是稳定币值。所谓币值，在贵金属本位制时期，指单位货币的含金量；在现代信用货币条件下，则不再是含金量，而是指单位货币的购买力，即在一定条件下单位货币购买商品或服务的能力。货币的购买力，通常以一揽子商品的物价指数，即综合物价指数来表示。综合物价指数上升，表示货币贬值；物价指数下降，则表示货币升值。

现在各国多以消费者物价指数（Consumer Price Index，CPI），即居民消费价格指数作为观察通货膨胀水平的重要指标。这是对一个与居民生活有关的固定的商品与劳务消费品一篮子价格的衡量，主要反映消费者支付商品和劳务的价格变化情况，也是一种度量通货膨胀水平的工具，以百分比变化为表达形式，可按城乡分别编制。

> 在动态的经济社会里，要将物价固定在一个绝对的水平上是不可能的，控制的目标是使一般物价水平在短期内不发生急剧的波动。

这里要指出的是，稳定是一个相对概念。在动态的经济社会里，要将物价固定在一个绝对的水平上是不可能的，控制的目标是使一般物价水平在短期内不发生急剧的波动。对于这个波动的限度，观点不尽相同，主要取决于各国经济发展情况。有人认为，物价水平最好是不增不减，只能允许在1%的幅度内波动；也有人认为，物价微涨有利于刺激经济发展，只要把物价涨幅控制在3%以内就算稳定了。

2. 充分就业

所谓充分就业，就是要保持一个较高的、稳定的就业水平；此时凡是有能力并自愿参加工作者，都能在较合理的条件下随时找到较为满意的就业岗位。充分就业有利于社会稳定、和谐地持续发展进步，最终有利于实现每个人的自由发展，是当今世界各国普遍追求的优化发展状态。

我们一般以失业率指标来衡量劳动力的充分就业程度。所谓失业率，指社会的失业人数与愿意就业的劳动力之比。失业意味着人力资源的浪费，失业率越高，越是不利于经济增长和社会稳定，因此，各国都力图把失业率降到最低的水平。

3. 经济增长

经济增长的目标，是指国民生产总值保持以合理的速度增长。目前各国衡量经济增长的指标一般采用人均实际国民生产总值（GNP）的年增长率，即用人均名义国民生产总值年增长率剔除物价上涨影响后的人均实际国民生产总值年增长率来衡量。政府一般对计划期的实际GNP增长幅度定出指标，用百分比表示，中央银行即以此作为货币政策的调控目标。

实现经济合理增长，需要多种因素的配合，一方面是各种经济资源，如人力、财力、物力的增长，以及这些经济资源的最佳配置；另一方面是要革新技术、增进效能、提高劳动生产率。作为货币主管部门（通常指中央银行）的任务，就是通过其所能操纵的工具对资源的运用加以组合和协调，促进投资增加以及消除各种不确定性因素的负面影响。

4．平衡国际收支

国际收支平衡表上的经济交易，如贸易、援助、赠予、汇兑等，如果收支相抵，说明该国国际收支平衡；若交易收入大于支出，称之为顺差；若自主性交易支出大于收入，则称之为逆差。

> 一国国际收支出现失衡，无论是顺差还是逆差，都会对本国经济造成不利影响。

所谓平衡国际收支目标，就是采取各种措施纠正国际收支差额，使其趋于平衡。一国国际收支出现失衡，无论是顺差还是逆差，都会对本国经济造成不利影响。

长期的巨额逆差，会使本国外汇储备不断下降，并承担沉重的债务和利息，甚至陷入债务困境不能自拔，并且丧失国际信誉。

长期的巨额顺差，则会造成国内有形经济资源流失，本国经济对外依存度过高，使一部分外汇闲置，特别是如果因大量购进外汇而增发本国货币，更可能引起国内通货膨胀。而且，一国国际收支的顺差必然意味着其他一些国家因此而出现国际收支逆差，不利于这些国家的经济发展，从而导致国际摩擦。当然，相比之下，逆差的危害尤甚，因此各国调节国际收支失衡时，一般着重减少甚至消除逆差。

要同时实现货币政策的上述四个目标，是非常困难的事。事实上，各项货币政策工具之间经常会相互干扰甚至发生矛盾。因此，除了争取实现货币政策目标的一致性，还应了解货币政策目标之间的矛盾性，以及研究缓解其间矛盾的对策。

世界第八大奇迹——复利效应

我在纽约大学曾修过一门证券分析课，首先谈到的是钱的"Time Value"，即所谓钱的"时间价值"。举个例子，100年前的纽约，坐一次地铁只需五分钱；买一个热狗，需三分钱，而后来呢，坐一次地铁和买一个热狗都涨到两美元。可见同等数目的钱，随着时间的推移在不断地贬值。

记得教课的教授亚瑟说过一句话，令人印象深刻："投资不一定会赚，但你要是不投资，肯定亏！"为什么呢？因为不投资的话，你放在家里的钱随着通货膨胀，肯定会渐渐地贬值。

我老家有个姑妈，家里孩子多，姑父又不会做生意，经济条件比较差，家父和大伯叔叔们常常接济她。20世纪90年代初，她大儿子结婚，我老家的房子还只是八九百一平方米，买一套100平方米的房子不过八九万，可她为老大筹办婚事只剩下1万，不够付首期。弟兄们给她的钱已经不少了，也不好意思再求他们。她让儿子先结婚，说等钱存够再买房子。没想到，等她存到两万时，一套房子涨至12万；再等她存到3万时，房子涨到了15万。她银行里的存款怎么都无法赶上房价的增长，最后还是她的大儿子和我的叔伯们合伙做生意，赚了钱才买下房子。

在美国，几乎每家银行都是FDIC（Federal Deposit Insurance

Corporation，联邦保险公司）的成员，所有的存款账户都有FDIC保。最初每个银行每一个存款人普通账户和个人退休账户（Individual Retirement Account，简称IRA）的最高保险额为10万美元，目前为25万美元，即使存钱的银行倒闭，都将有联邦保险公司偿还给客户，完全可以高枕无忧。

按这个统计报告，如果1925年放1000美元在银行，到2005年已经"变"成1万，这80年来的平均年利息是3%左右。听上去不错吧，涨了10倍。但不幸的是，这80年的平均通货膨胀率是3.5%。需要15000多美元才能抵得上1925年的1000美元。也就是说，将钱存银行的结果是亏了不少。

由上面的例子可见，钱放在家里会不断地贬值，而放在银行的普通账户上也是不行的，因为利息永远赶不上物价的上涨。那钱究竟放在哪儿最好呢？

我曾看到一份统计报告，该报告统计了美国前80年各种投资工具回报率的排行榜。在这80年中，美国有过多次股市狂飙，多次房地产高涨；也经历过大萧条，经历了"911"事件，经历了几次股市大崩盘和房地产泡沫的破灭，可谓上上下下几多沉浮，这份总结统计报告应该非常能说明问题。

在美国，投资回报率最低的是一般的银行存款，平均年利息只有3%，抵不上通货膨胀率3.5%的速度；稍微高一些的是政府债券，平均回报率每年5.5%，如果1925年投入1000美元买政府债券，到2005年可增值至7万多；房地产还要高一些，1925年市值1000美元的房产，到了2005年价值10万左右，平均增值率是每年6%。投资房地产和政府债券差不多，可以超越通货膨胀。

再来看投资股票的回报率。有人统计过，在每个不同阶段选100家有代表性的Large Cap（大公司）的股票平均值，假如1925年投入1000美元的话，到2005年的市值是200万美元，平均年回报为10%；而最高的是投入不同阶段的1000家Small Cap（小公司）的股票，每年平均的回报率是14%，到2005年市值为3500万美元！

我曾就读的纽约市立大学有一对教授夫妇，他们在四五十年前出了本书，得到5万美元的稿酬。教授夫妇的生活朴素简单，没有任何奢侈的嗜好，平时的工资过日子已绰绰有余，对于手中这笔钱，他们真不知该怎么用。一天，教授夫妇向他们的朋友华尔街股神巴菲特提及此事，巴菲特对他们说："这样吧，你们要是信得过我，就先投入我的公司，我来帮你们管，好吗？"那时巴菲特已经小有名气，他们异口同声地说："当然好啊！"

于是教授夫妇将这笔钱投入了巴菲特的伯克希尔•哈撒韦公司。之后，他们从不过问，渐渐地几乎把这件事情给忘了。30年后，教授先生去世了，巴菲特参加了葬礼。在葬礼上，巴菲特对那位太太说，你们放在我那儿的钱已经涨到6000多万美元了。教授太太大吃一惊：不会吧？怎么可能？

其实，这正是复利奇特的魅力。复利是现代理财的一个重要概念，由此产生的财富增长，称作"复利效应"，对于财富有着深远的影响。

假设本金10万元，每年投资回报率是20%，如果按照普通利息计算的话，每年的回报是2万元，十年后连本带息涨至30万元，整体财富增长只是两倍；但如果按照复利方法来计算，亦即指10万元的本金，每年的回报不取出来都加入本金，即"利上滚利"，那10年后会变成62万元，比30万多了一倍还多！

随着时间的增长，复利效应引发的倍数增长会越来越显著。若仍以每年

20%回报来计算，十年复利会令本金增加6.2倍（1.2的10次方），而20年则增长38.34倍（1.2的20次方），30年的累积倍数更可高达237.38倍（1.2的30次方）。若本金是10万元，30年后就会变成2374万元之多！

不过，在人类历史上，除了巴菲特，能长期保持每年30%以上回报的投资是绝无仅有的。我们以华人首富李嘉诚为例，1945年他投资7000美元，成立长江塑胶厂，开始起家，到2006年，李嘉诚拥有约188亿美元的身家。撇开其他因素不谈，他的财富在57年间增长了268.6倍，其每年的复利回报也"不过"为29.65%。

话说教授太太在先生去世时，立下遗嘱，决定将这笔钱等她去世后全部捐给慈善机构。又过了几年，到她去世时，这笔钱已涨到了一亿二千多万！

谈到复利，在华尔街还有一个常被人们津津乐道的例子：1626年，美国的土著印第安人以24美元出售了今日曼哈顿的土地。听上去太贱卖了吧，现在24美元连吃顿像样的晚餐都不够。假设土著人将24美元放进银行，按每半年6%的复利记息的话，到2006年，他们将可获得1000多亿美元，比目前曼哈顿五条大街的房地产的总市值还要高！这可就是复利效应的"神奇"了，真可以与爱因斯坦的"相对论"相媲美。

金融的立身之本——信用

在金融领域里，信用是金融的立身之本。信用就是指一个人可以透支未来获得金钱或是商品，日后再行付款的限度。简单来说，一个人从朋友、银行或是贷款机构可以先支取后偿还的资本，就是信用。金融信用，即提供贷款和产生债务。在许多场合，金融信用也可以指借债方偿还债务的信誉和能力。

信用产生的另一种方式是商品交易过程中的延迟付款。一个人如果向金融结构借钱，在延迟期限前还清欠款，就会产生正面的信用纪录，所以借了钱在期限内及时还清的人反而比不曾借钱动用信用的人有更好的纪录"成绩"，信用额度也更容易扩大；但已经过了延迟期限，借的钱还不还，就是违约。违约的人会在信用资讯的数据库（例如金融征信中心）被注记，如果这个人以后再向其他金融机构借款，各家金融机构在承作借款业务前就会先查询这个人的征信。如果一个人违约严重，再次向合法金融机构借款就会很困难，直到协议或法庭作出判决后得到解决。而即使已还款，违约记录的注记也可能会持续数年的时间。

现在判断一个人的信用高低，通用的方式就是征信体系，一个人在银行的历史交易记录、贷款还款记录、信用卡历史交易还款记录都会作为金融机构对客户的信用判断的依据，更有甚者，手机话费、违章记录等等都会被纳入到征信体系内，作为一个人信用的考量。

而对企业来说，想要融资就必须要有信用，没有信用就没有办法融资。企业的信用主要体现在哪里？首先是企业自身的现金流，与金融机构借钱时，金融机构考核企业的第一个信用，就是分析企业财务报表里的现金流；其次在于企业的利润；第三是企业的担保物；最后是企业自身实际的一些信用物。现在许多中小民企经营非常困难，去金融机构贷款往往没有抵押资产，又没有政府或者第三方企业作担保，而传统金融机构又不擅长做风险管控，难以给这些中小民企融资。因此，创新的中小民企难以融资的问题需要通过金融侧的供给创新来解决，如江浙有很多小银行，擅长用"软信息"（如信用）来给民企，特别是小微企业提供融资。

对一个国家来说，实体经济要快速从动荡中复苏，核心基础就是信心和信用。信心，可以拉动经济发展的内需，人民有信心，才敢消费，敢于投资，敢于扩大再生产。人民的信心来自于他们自己有钱，而且这些钱不能受到损失，所以钱要么存在银行，要么买了保险。信用，主要是针对银行而言。简单来说，就是银行必须有继续放贷的能力和意愿。他们的资本金不能因为股市大跌，而受到过度侵蚀。也就是说，他们必须在危机之前尽量保守，不可持有高风险资产，比如企业股权，特别是二级市场的股票。

比如1929年美国的经济大萧条，并非因为股市暴跌。股市暴跌触发的信用紧缩，才是大衰退的根源。美国很多银行倒闭或被清算，许多人不但失业，存款也归零了。为什么银行会倒闭这么多？因为股市暴跌，导致了全社会的资产重估，很多银行和保险公司因为自营投资业务，持有大量高风险资产，暴跌之后，资产严重缩水。再加上银行的储户因为恐慌导致的挤兑，以及银行家信心崩溃的惜贷，银行业陷入了大危机，失去了信用，引发了前所未有的信心低潮和信用紧缩。美国在1933年通过了《格拉斯-斯蒂格尔法案》，坚决将商业银行与投资银行进行分离。同时，还建立联邦存款保险公司，构建起存款保险制度。

然而2008年的金融危机，在一定程度上重蹈了1930年大萧条的覆辙。2008年9月15日，美国第四大投资银行雷曼兄弟宣布申请破产保护，由此引发了席卷全球的"金融海啸"：股市暴跌、楼市重挫、金融机构倒闭、失业潮爆发。那年美国的次贷产品本来是房地产商卖房子，零首付，没有受道太多制约，也不需要抵押物，这样房价就会涨，涨了大家都赚钱。但这样的房子没有抵押物，全是银行背账，银行风险很大。但银行不是想办法把次贷变成正常贷款，却从抵押物上做文章，把次贷卖到股票市场，变成了CDS债券，CDS债券杠杆比到了1：40。当年雷曼兄弟对合成CDO（担保债务凭证）和CDS（信用违约掉期合约）市场的深度参与，出售了大量合约，当楼市价格大跌，违约概率飙升几倍后资产价格暴跌，导致公司资金链出现断裂，而美国政府又没有出手救助，最终倒闭收场。而后，美联储主席伯南克果断地斩断了传导链条，避免了信用紧缩。

2020年3月美国股市暴跌，美国经济是否陷入衰退，也取决于信心和信用，而不是股市本身。3月23日，美联储突然宣布，将不限量按需买入美债和MBS（资产抵押证券，底层资产是打包分层的个人按揭），这被称为"无限量QE"。这一措施指向明确，即通过背靠国家信用的大规模购买行为和托市预期，阻止债券市场和房地产市场的资产价格重估，保护个人投资者和持有这些资产的金融机构，稳住信心和信用，避免重蹈1930年信用紧缩的覆辙。而"无限量QE"，也是美国人对美元资产是全球信用度最高的资产的自信。

四两拨千斤的要素——杠杆

杠杆（leverage）是金融的三要素之一，另外两个要素是信用和风控（金融风险控制）。

金融的特点就是杠杆，没有杠杆就没有金融。信用是杠杆的基础，杠杆是在信用的基础上四两拨千斤。有信用就有透支，透支就是杠杆；有信用才能做金融，用杠杆才能把金融做大。

杠杆最早是物理学中的力学定理，譬如在生活中，打开瓶盖子的开瓶器、轮船上的船尾舵和汽车上的方向盘，就运用了杠杆原理。阿基米德说："只要给我——个支点，我将撬起整个地球。"所有金融衍生产品，就是从阿基米德的杠杆原理发展而来。而金融杠杆就是杠杆原理在金融上的应用。

金融（或资金）杠杆，就好比是谁操作具有10倍契约保证金或权利金价值的期货或期权商品契约，是过度举债投资于高风险的事业或活动。遇到投资获利不如预期时，杠杆作用的乘数效果，会从加速企业的亏损以及资金的缺口，到影响整体的经济环境。而负债比就是资金杠杆，负债比越高，杠杆效果就越大。然而，资金杠杆的乘数效果是双向的，当公司运用借贷的资金获利等于或高于预期时，对股东的回报将是加成；相反的，当获利低于预期，甚至发生亏损时，就有如屋漏偏逢连夜雨，严重者就是营运中断，走上清算或破产一途，使得股东投资化成泡沫。

所以自然人和企业的经营者应该很严肃地看待这个比率。尤其是企业扩张或从事并购而有长期的资金需求时，应谨慎评估资金募集决策对负债比的影响。

企业的投资回报率与净资产收益率的关系会显示出经营者是否有效利用资金杠杆。当企业没有负债，或负债金额占资产的比例很小时，这两个比率会相等或很接近。

负债经营率＝ 长期负债/股东权益

这是衡量一家公司的资金杠杆的另一种方式。它表示企业的资源由负债提供的比重，其比重越高，代表资金杠杆越大。由于负债来源的资金，是负担固定的利息费用。站在股东的立场，企业营运获利良好时，可达到以小博大的效果，固定的利息费用可能是企业无法轻易摆脱的梦魇，这也是任何杠杆效应的双向乘数。简单来说，就是用乘号，放大投资的结果，就如现在中国人使用的购房支付方式——房屋按揭贷款，使用的就是金融杠杆。

有一年我回国探亲，为了感受一下中国火爆的房屋市场，于是走进了一个新楼盘。售楼小姐热情洋溢地介绍说："先生，如果购买一套这个楼盘的房子，只需支付20%的首付款，剩下的我们可以帮你申请银行贷款，你可以先住进来，钱以后一点一点慢慢还。"

"哇，听上去不错！"我随意应道，接着反问，"那我以后要是付不出贷款怎么办呢？"

"那有什么关系？！这房子非常好销，行情见涨。万一付不出贷款的话，卖了就是了，肯定是一笔只赚不赔的买卖。你要当机立断啊，过了这个村，可就没这个店了。"

那位售楼小姐所言或许是实情。这几年，中国的房价似乎只涨不跌，即便"天价"房，也照样有人抢购。但众所周知，绝大多数买房子的人，都不是一次性付清的。聪明的投资人（准确地说，应该称炒房者），即便怀揣100万（假如一套房子为100万），他也会非常聪明地买五套，每套房子支付20%首付款，自然而然运用了金融杠杆的原理，然后等待房子上涨。

假如买一幢100万的房子，首付款是20%，就用了5倍的金融杠杆。从投资而言，如果房价上涨10%，那投资回报是5×10%=50%。要是首付是10%，金融杠杆就变成10倍。那房价涨10%的话，投资回报就是100%！

但是，甘蔗没有两头甜，有利就有弊，金融杠杆也不例外。它可以把回报放大，也可以把损失放大。如果100万的房子房价跌了10%，那么5倍杠杆的损失就是50%，10倍金融杠杆的话，首付就没了……当年美国几百万栋房子被强行拍卖，主因之一就是使用了倍数太大的金融杠杆。

> 当年美国几百万栋房子被强行拍卖，主因之一就是使用了倍数太大的金融杠杆。

而使用金融杠杆炒股以及投机其他金融产品的道理都是一样的。2015年的股灾，最主要的原因之一就是杠杆问题。即大量资金通过杠杆进入股市，造成股市疯狂上涨，泡沫泛滥。面对此景，管理层被迫采取措施遏制杠杆炒股，打击恶意炒作。随着杠杆资金撤退，特别是转道到股市的银行资金全面撤离，导致股市快速下跌，最终形成恐慌性暴跌，酿成股灾。

守住金融的生命线——风险控制

　　风险控制（或管理，risk management）是一个管理过程，包括对风险的定义、测量、评估和发展因应风险的策略。其目的是将可避免的风险、成本及损失极小化。理想的风险管理，事先已排定优先次序，可以优先处理引发最大损失及发生几率最高的事件，其次再处理风险相对较低的事件。

　　风险的来源有很多，包括金融市场的不确定性、项目失败的威胁（在设计、开发、生产或维持生命周期的任何阶段）、法律责任、信用风险、事故、自然原因和灾难、来自对手的故意攻击，或根本原因不确定或不可预测的事件。实际状况中，因为风险与发生概率通常不一致，所以难以决定处理顺序。故须衡量两者比重，做出最合适的决定。

> 理想的风险管理正是希望以最少的资源化解最大的危机。

　　因为牵涉到机会成本，风险管理同时也要面对如何运用有效资源的难题。把资源用于风险管理可能会减少运用在其他具有潜在报酬之活动的资源。理想的风险管理正是希望以最少的资源化解最大的危机。

金融市场中的杠杆有利有弊，加杠杆就必须要经营好风险，一旦失去风险控制的杠杆崩塌，将会产生不可挽回的损失。所有的金融风险都是杠杆比过高造成的，没有杠杆比就没有金融，但杠杆比过高就产生风险，所引起的损失可能远大于投资者最初投放于其中的资金，有的甚至是灾难性的，小则令投资者血本无归，大则使全球陷入金融危机。因此，必须要加强风险控制。

风险控制在金融投资中至关重要，在投资前必须弄清楚经济基本面，包括市场的大趋势等。以中投公司为例，2018年年底，中投公司总资产9406亿美元，净资产8588亿美元，自成立以来累计年化国有资本增值率为13.46%；中央汇金17家控参股机构总资产123万亿元人民币，净资产10.2万亿元人民币，同比分别增长6.0%、9.0%。但在前几年，中投公司海外资源投资尤其石油，收益都并不理想。2009年7月，中投收购了加拿大泰克资源（Teck Resources），以17.4亿加元获得17.2%的股份，然而2015年底帐目浮亏超过70%，市值仅剩下4.923亿加元。此外，中投投入数百万美元的蒙古南戈壁资源公司（煤矿企业），因公司在经营中出现困难，甚至出现难以偿还中投的债务的情况。中投公司在加拿大的投资亏损，主要是因为不了解加拿大的石油资源大部分是油砂，不仅开采成本高，而且污染特别严重。另一方面，美国的页岩气开发已经很成熟，相当部分的页岩气已经可以取代石油。由此可见，中投对加拿大油田的投资是误判的。

更为重要的是，从风险控制的角度来分析，即使对投资风险作出判断以后，还要顾及是否做了对冲（比如可以用期货来做对冲），因为对冲可以有效地避免损失，或者将损失降到最低的程度。另外，也可用掉期交易跟投机对手方做一个对赌，也是防范风险的有效手段，至少使巨大的投资有固定收益。

如果做好了风险控制，稳赚不赔的概率是很高的。比如，投资加拿大的自然资源，如淡水、森林、粮食等，这些自然资源是中国最缺乏或是未来急需的，其价值一直存在，在加拿大投资收益会更高。如果投资美国的话，最具价值的当数高科技创新。不过中国购买美国高科技公司，将

> 如果做好了风险控制，稳赚不赔的概率是很高的。

会受到美国政府的限制，在实际上操作过程中有很多技巧，可以通过第三方购买高科技创新公司，一般不会牵扯到亏本的问题，仅仅是价值的高估还是低估。

比如，被FACEBOOK（脸书）兼并的Whatsapp（类似于微信的一个软件），一开始估值15亿美元，但是高科技的估值上下浮动巨大很难预测，脸书最后斥资190亿美元才买下。所以，收购兼并估值格外要注意。如果看好欧洲的话，投资欧洲百年品牌最合适，因为百年品牌的附加值高。

金融投资的三个要点——信用、杠杆和风险控制中，金融衍生产品具有避险功能，本质上就是一种风险对冲工具。海外的投资经验值得借鉴。比如，新加坡的两个国家主权基金——淡马锡以及新加坡政府投资公司（GIC），没有贪污腐败，效率高。另外，加拿大政府的退休养老基金（CPPIB）投资，也相当成功——每年把退休养老金的10%（几百亿加元）交给私人公司管理，通过多元化投资获得最大的收益。CPPIB的最高权力机构是理事会，由12名理事组成。理事由财政部长提名，加拿大总督任命，每届任期不超过3年（可以连任）。为了确保养老基金的保值增值能力，理事

会确定了4%的长期真实回报（即扣除通胀率之后的真实收益率）目标。即股权资产比重应当介于60%～70%之间。起初，国内的股权投资主要集中于多伦多证券交易所的指数基金，国外股权投资主要集中于标准普尔500指数和MSCI EAFE指数基金。CPPIB投资的资产类别包括公开交易的证券、私人股权、不动产、基础设施项目等。为了对冲与投资相关的风险，基金的资产还可以投资金融衍生工具。

所以，在金融投资前必须弄清楚经济基本面，包括市场的大趋势，并特别要确立风险控制意识，做好风险对冲等，才能在变化万千的金融市场中立于不败之地。

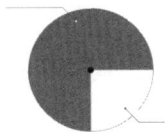

第二章

善用金融工具，打开财富大门

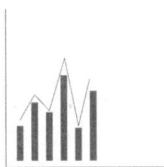

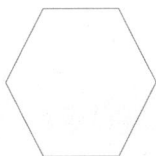

最基础的金融工具——股票

股票是股份证书的简称，是股份公司为筹集资金而发行给股东作为持股凭证，并借以取得股息和红利的一种有价证券。每股股票都代表股东对企业拥有一个基本单位的所有权。这种所有权是一种综合权利，如参加股东大会、投票表决、参与公司的重大决策、收取股息或分享红利等。

股票和股票市场早已有之，早在2000多年前的古罗马时期，政府就通过招标的形式，把公共服务项目承包给私人公司，这类公司的名字就叫"为公共服务的组织"。这些公司再直接把股票卖给投资人，投资人可以把股票拿到股票市场上交易，交易的场所就在古罗马的克斯托神庙。

现代股市起源于荷兰，1602年3月20日，荷兰东印度公司首次发行股票，该股票在阿姆斯特丹证券交易所交易，但公司每年只进行一次股东变更登记。

股票作为社会化大生产的产物，已有四百余年的历史。作为人类文明的成果，股份制和股票也适用于我国社会主义市场经济。

对于IPO（Initial Public Offering）这个词，中文翻译可谓五花八门。有人直译为"首次公开发行"，有人称作"新股发售"，还有人干脆称为"上市"。公司上市对普通股民来说可谓是喜忧参半。喜的是又有新股可以

"打"了，忧的是股市又要被"抽血"了。

有意思的是，甚至不少炒股多年的"老股民"也搞不清IPO、一级市场、二级市场之间的关系。多数散户只是把股票当作炒作的筹码，他们关心的仅仅是股价涨跌。公众对"打新股"充满热情，主要是因为在IPO当日，新股股价总会暴涨，中国A股市场尤其如此。首日跌破发行价的例子屈指可数。"打新股，然后在IPO当日抛售"成为几乎毫无风险的一夜暴富之法。也正因如此，在A股市场"打新"异常困难，中签率基本不到1%，普通散户轮到这种好事的几率比买彩票中奖还要低。

为什么新股发行当日股价会暴涨？谁最容易拿到暴涨的股票？谁又在操纵新股发行？

我们可以把新股发行看作一场游戏。这场游戏的参与者有上市公司、股票承销商、经纪商、机构投资者和散户。

上市公司（Public Company）就不必说了，他们的目的是把自己的股票卖出去，价格当然越高越好。

股票承销商（Stock Underwriter）在IPO中可以有很多家，其中最大的那家叫"主承销商"，也称"保荐人"。上市公司发行股票，一般都会请承销商帮忙。他们的作用是根据上市公司的经营业绩，给股票一个合理估价，如果公司不能以这个价位把股票全部发行出去的话，那么承销商要负责"扫货"，即把剩下的股票照单全收。

股票经纪商（Stock Broker）从事的是代理业务，他们的职责是帮助机构投资者或散户以理想的价格买到股票。

机构投资者和散户是股票的买方，他们自然希望价格越低越好。一般来说，由于机构投资者有资金优势，所以绝大部分新股都被机构投资者霸占，而有幸中签的散户几乎是凤毛麟角。

理清这四者的关系并不难。牢记两点就行：

一是上市公司卖股票，机构和散户买股票。

二是承销商服务于上市公司，帮助拉高股价；经纪商服务于机构投资者和散户，帮助压低股价。

在新股上市的过程中，承销商与经纪商往往拥有很大的话语权。新股认购价的高低取决于承销商与经纪商之间的博弈，而上市公司、机构投资者和散户经常是"陪玩"。这里要注意：由于股票存在一级、二级两个市场，也就存在两个价格。

> 新股认购价的高低取决于承销商与经纪商之间的博弈，而上市公司、机构投资者和散户经常是"陪玩"。

所谓认购价（也叫发行价），是指一级市场IPO时，上市公司与股票认购者达成的价格；交易价，是指二级市场股票投资者之间相互转手达成的价格。当有新股上市时，随着交易所钟声敲响，我们看

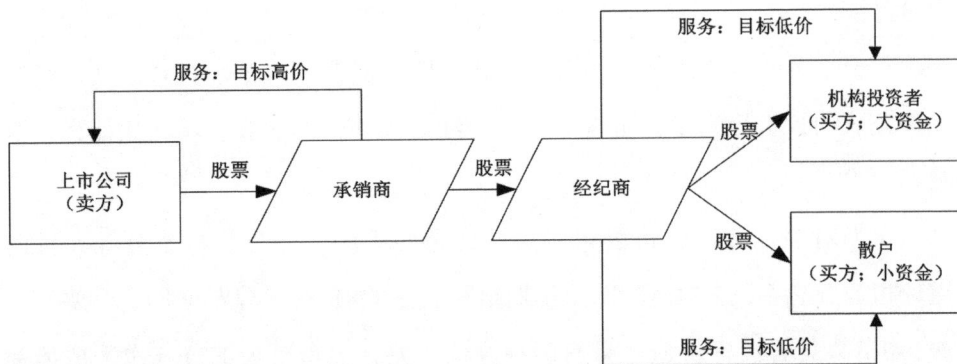

到的电子屏幕所显示的"IPO价格"，其实是二级市场交易价，一般远高于认购价。

正常情况下，承销商与经纪商之间的博弈应该是均衡的。也就是说，新股上市后价格不应该出现异常波动，例如暴涨100%，或暴跌50%。如果上市后新股价格很快大幅上扬，那么上市公司显然是吃亏了，因为他们本来可以把股票卖一个更好的价钱，这说明承销商没能尽到责任，严重低估了发行价；相反，若上市后很快就跌破发行价，那么以认购价购买公司股票的机构投资者和散户则被"套牢"，这体现了经纪商的无能。

对于中国而言，过去的十几年是中国经济发展的黄金时间，而中国股市却交出过一份"十年零涨幅"的尴尬答卷。

人称中国股市为政策市，是为融资而设，股票常常不分红。股价定位基于投资者对于上市公司未来收益的预期。虽然当前沪深300的动态市盈率（Price to Earnings ratio，亦称本益比，指股价与每股年度盈利之比）不到12倍，意味着投资12元有1元钱的利润，看上去比较便宜，但其股息率只有1.6%左右，是一年期定存利率的46%。很多上市公司根本不分红或极少分红。

对于不分红或极少分红的股票来说，购买股票就失去了投资意义，纯属期待升值的投机行为了。可是一只不分红或极少分红的股票，又凭什么升值呢？

作为对照，美国上市公司股票分红是必需的，而且是按季分红。目前道琼指数股息率约2.84%，是一年期定存利率的811%。有专家指出，要使沪深300指数具有投资价值，只有两种办法：要么上市公司的分红水平成倍提高，要么指数持续下跌。

从交易量来看，中国股市近85%的交易量是由散户贡献的，机构投资者持有市值仅15.6%，而发达国家有60%～70%。由于股市现在形成了穷人培育富人的圈钱机制，起初一拥而上的散户会慢慢流失，致使市场疲弱不振。今后唯有在市场环境建设上狠下工夫，建立起索取与回报对等的市场架构，配套恰当的引导措施，扫除市场的沉疴痼疾，才能实现资金源源不断的流入，使得中国股市真正成为对全球资金具有吸引力的投资场所。

最"单纯"的金融工具——债券

债券（Bond）是发券者（各级政府、金融机构、工商企业等）向社会举债融资时，与投资者约定还本付息条件的有价证券。与银行信贷不同，债券是一种借贷双方的直接债务关系。债券不论何种形式，一般均可上市流通，因而形成了债券市场。

债券的历史远比股票悠久，早在奴隶制时代的希腊和罗马，就有国家以证书形式向商人、高利贷者和寺院借债的记载。

1694年，英国政府经议会批准，发行以国家税收保证支付本息的政府公债，享有很高的信誉，成为全球扩张战略中的重要经济手段。

据传中国最早发行政府债券的，可能是东周最后一个君主周赧王。公元前256年，周赧王为了出兵对抗强势诸侯秦国，向境内的富户借钱筹措军费，他给债主们出具借券，答应班师之日，以战利品偿还，结果无功而返。富户们纷纷手持借券跑来讨债，周赧王只得躲到王宫后面的一座高台上去躲避，周人就把这高台叫做"逃责台"（古汉语中"债"与"责"相通）。成语"债台高筑"由此而来。

与商业银行信贷市场一样，债券市场可以在资本领域互通有无，为全社会的投资者和筹资者提供低风险的投融资工具，使得需要投资资金的地方提前获得了财力支持，从而促进了社会经济的发展进步。在全球近代"大国崛起"的重大历史事件中，债券市场可谓功勋彪炳。

债券市场是发行和买卖债券的场所，是金融市场的一个重要组成部分。债券发行业务不限于投资银行和证券交易所，也包括商业银行以及所有金融机构。

投资者购买债券可获得的收益主要来自两个方面：一是定期或不定期的利息收入；二是利用债券价格的变动，买卖债券赚取差额。

债券利息是固定的，通常期限越长，息率越高，但债券收益会受银行存款利率或股市表现影响。例如在经济形势动荡、银行利率下降时，或股市熊气弥漫等情况下，投资者会把资金转移到比较安全、获利较丰的投资工具，从银行存款或股票转投债券，势将导致债券价格上升；如果买入该债券，收益率就降低了。

例如，张先生于2002年1月1日以110元的价格购买了2002年发行的面值100元、利率10%、每年1月1日支付一次利息的10年期政府债券，并持有到四年后的2006年1月1日，以120元的价格卖出，每张债券获利：

$$120-110+100\times10\%\times4=50元$$

$$则债券持有期间的收益率=（50/110\times4）\times100\%=11.36\%$$

如王先生以120元买进，并持有此债券直到2011年12月31日期满收回本息，则每券获利：

$$100-120+100\times10\%\times6=40元$$

$$收益率为（40/120\times6）\times100\%=5.56\%$$

以上计算没有考虑把获得的利息进行再投资的因素。如果把所获利息的再投资收益计入债券收益，据此计算出来的收益率，即为复利收益率。这里从略。

债券按发行主体划分，可划分为三大类：

1. 政府债券

政府债券是指政府财政部门或其他代理机构为筹集资金，以政府名义发行的债券，主要包括国债（国库券）和地方政府债券等，其中最主要的是国债。政府债券因为有税收作为保障，所以风险最小，但收益也最小，通常会提供减免税优待，以吸引人们购买。

投资者普遍厌恶风险，于是以国债为代表的几乎无信用风险的金融产品价格便成为风险性金融产品定价的基础，所以国债的收益率曲线相当于一切金融商品的定价标杆，也为中央银行货币政策提供了重要的传导载体。

2. 公司债券

公司债券是股份制公司按法定程序发行的作为债务凭证的有价证券，公司承诺在未来的特定日期偿还本金，并按事先规定的利率支付利息。公司债券持有者取得利息优先于股东分红；公司破产清算时，也会比股东优先收回本金。

在中国，还特设有企业债券（Enterprise Bond），是由国家发展与改革委员会监督管理的债券，其发债主体为中央政府部门所属机构、国有独资企业或国有控股企业（可以是非股份制公司），因此，它在很大程度上体现了政府信用。

3. 金融债券

系由银行或非银行金融机构为筹措资金，按法定手续面向个人发行，作为债务凭证的有价证券，承诺按约定利率定期支付利息并到期偿还本金。在欧美国家，金融机构发行的债券被归类于公司债券，在中国和日本等国家称之为金融债券。

> 比如你买了某公司债券，年息8%，无论该公司大赢或大亏，都与自己无关。只要它在债券到期之前不破产，其他事情无需顾虑。

相比股票市场，债券市场不仅开始得早，而且单纯得多，较易发展。比如你买了某公司债券，年息8%，无论该公司大赢或大亏，都与自己无关。只要它在债券到期之前不破产，其他事情无需顾虑。

债券的最大风险在于发行者的偿还能力。风险越高，息率也越高。最高息率是垃圾债券（Junk Bond）[①]或新兴市场债券，因为这些债券的发行者信用评价很差，破产可能性较大，债券很容易失去成交量甚至变得一文不值，必须以高息率吸引人们购买。

债券通常需要由评价机构评定等级信用。信用等级是度量违约风险的一个重要指标，供投资者决策参考。

国际上流行的债券信用等级是三等九级。AAA级为最高级，AA级为高级，A级为上中级，BBB级为中级，BB级为中下级，B级为投机级，CCC级为完全投机级，CC级为最大投机级，C级为最低级。

美国债券市场是世界上最大的债券市场，其发展史可以追溯到1792年，当时为了方便政府债券的销售，成立了纽约证券交易所。换言之，作为当今世界交易额最大的股票市场，纽交所起初实际上是债券交易所，还要依靠华尔街雇佣的销售员挨家挨户地推销。20世纪70年代的石油危机及其引发的一系列经济和金融体制变化，带动债券市场突飞猛进。此时全球固定汇率体系（布雷顿森林体系）崩溃，石油危机造成了很高的通货膨胀率；利率市场化、金融自由化和经济全球化发展迅速，使得大量企业、地方政府开始主要依靠债券市场、而不是银行贷款来获得直接的债务性资金，结果导致债券发行规模迅猛扩张。

---

① 垃圾债券亦称"高息债券"，是美国公司发行的一种非投资级的债券。美国的债券通常分为政府债券、"投资级"公司债券和"非投资级"的"垃圾债券"三种。美国95%的公司发行的债券都是后者。通常由一些规模较小的新行业，或者信贷关系较短的公司发行。但也有一些大公司发行这种债券，它们的债券原本属于投资级，但由于公司出现财政困难或整个行业衰退等原因，其债券被贬为"垃圾债券"。若经营情况好转，"垃圾债券"也可反弹为投资级债券。通常，"垃圾债券"的利率比美国政府债券的利率高2~4厘。

现在，债券已经成为美国政府和企业最重要的融资工具之一，美国的债券市场已成为汇聚全球资金的重要资本市场。特别是美国政府长期陷于财政、贸易的双赤字运行中不可自拔，国债发行量急剧上升。

过度依赖债市满足经济需求，乃至以债养债，让债台高筑不已，迷途不知返，将走向不可持续且自我毁灭的深渊。因此，本轮金融海啸之后，世人担忧美国巨债剧升之际，欧洲债务危机又不期而至了。

没有最险只有更险的金融工具——外汇

"外汇"是一个很宽泛的概念，简单来说，静态的"外汇"是指一切以外币标价的资产，包括国家的外汇储备、出口企业收到的美元、个人通过换汇持有的外币等；动态的"外汇"指外汇交易，即以规避汇率风险或赚取差价为目的，用一国货币与另一国货币进行兑换。

外汇兑换交易市场可以说是当今世界上最大的金融市场。全球外汇市场每天有数万亿美元的交易量，一个月内货币市场的资金交易量，足以购买整整一年世界所有生产的商品和服务。在世界各地的金融中心，全天候交易着各种不

> 全球外汇市场每天有数万亿美元的交易量，一个月内货币市场的资金交易量，足以购买整整一年世界所有生产的商品和服务。

同类型的货币。外汇市场参与者包括商业银行、商业公司、中央银行、投资银行、对冲基金、散户、货币发行机构、发钞银行、跨国组织和各国政府。

说起外汇交易的初衷，主要是协助国际贸易和投资，使企业能够以一种货币转换成另一种货币。例如，它允许美国企业以支付英镑来进口货物，即使企业的收入以美元计算。外汇市场决定了不同货币的相对值。

不过，外汇市场却是诸多交易市场中最晚形成的，现代外汇市场形成于20世纪70年代，是布雷顿森林体系之下各国的汇率制度逐步由固定汇率转变成浮动汇率而产生的。

到了1973年，初期的外汇市场才逐渐发展起来，使一种货币的价值相对于其他货币的价值被确定，目的是为了对冲外币风险。不过外汇市场仍然很小，积极参与的主要是国际跨国银行以及以出口为主的大型企业集团，比如福特汽车和通用电气公司。

此外，外汇交易和其他类型的金融市场是不同的。比如当投资者购买股票或债券时，他们便拥有了标的资产和未来的收入。通常来说，如果投资者持有公司股份，在许多情况下，将获得股息收入；如果投资债券，他们便是债权人（公司或政府发行的债券），将收到定期利息。但是外汇交易商就不一样了，他们通常不拥有资产，而只是在投机下赌注：赌一国货币兑换另一国货币的比率，即以一种货币表示另一种货币的价格。也就是通过买进和卖出一种货币，与其他货币交换。这也意味着在外汇市场是没有所谓牛市或熊市的，货币只可能时而趋强或趋弱。所以有些货币总是不断上升，而有

> 在外汇市场是没有所谓牛市或熊市的，货币只可能时而趋强或趋弱。所以有些货币总是不断上升，而有些货币则总是持续下跌。

些货币则总是持续下跌。

外汇市场的独一无二，是因为这些原因：巨大的交易量导致了高流动性；分散的地理位置；几乎24小时连续运行；无数的因素影响着汇率的变化；相对的低利润率收益相比其他市场的固定收益；极高杠杆的运用提高了收益率和赔损率。

因此，尽管有央行的货币干预，外汇市场依然被称为最理想的"完全市场自由竞争"的市场。

所以，外汇市场可以说是投机客的天堂，它有利于套利——投机者借入低收益货币和贷款来"投资"（做空或做多）高收益的货币，其结果可能导致一些国家丧失竞争力，甚至干预一个国家的经济政策。货币投机完全不像债券或股票，被认为通过融资可以为经济增长做出积极的贡献，它简直就是赌博。比如，大型对冲基金和资本充足的"仓位交易"，是外汇交易的职业炒家。例如1992年，货币投机炒家迫使瑞典中央银行提高利率，维持了数天500%的年利率，然后贬值克朗。大型对冲基金及资金充足的"仓位交易"之威力，由此便可见一斑。而个人投资者在外汇市场中，充其量只是"噪音交易者"，可谓风险大而威力有限，赔起钱来，几百万、几千万都可以瞬间蒸发掉。

我一个浙江的朋友，前些年一直做外贸生意，随着人民币升值等因素，利润越来越薄，似乎稍有不慎还会亏钱。于是，他一咬牙将公司关闭，手中的货全部变现，净得1000多万。按说这笔钱在国内存个定期或买个国债，可以旱涝保收，每年几十万的利息，大可过上悠哉"游"哉（四处游玩）的生活。然而，生意人总想着"以钱生钱"，每年3%到5%的固定回报不过瘾。

于是，他向周围亲友打听有什么其他发财的捷径。他的一个香港老同学劝他做金融，而且最好做外汇，"因为全球最大的投资与交易是外汇，它透明度高，波动频繁且成本低，是最理想的投资工具，成就了世界顶尖级的金融人物——索罗斯，也就是外汇投资的领头人"。经不住诱惑，他委托那位老同学在香港开了个账户，拿出100万炒外汇。

结果，他小试牛刀，一周赚了50万，大喜！香港老同学叫他"乘胜追击"再加码，他一下子追加了500万。但一个月后，他告诉我，他先后投入600万，加上原先赢的50万，全部输得干干净净，后悔莫及！

可见，由于外汇市场的特殊性，散户几百万、几千万的"小钱"，往往经不住外汇市场一个小小的浪花，瞬间便会不见了踪影。

我们接触到最多的个人外汇保证金交易（也称零售外汇），没有一个固定的交易场所，一般是由大大小小、实力参差不齐的外汇经纪商（外汇平台）帮我们与银行交易，或者是投资者直接与外汇平台对冲，后一种情况居多。

由于目前国内尚未开放此类业务，当前大家接触的外汇保证金交易一部分是由境外的平台提供，另一部分是由一些国内企业自行搭建；前者可能在境外受到监管，但是鱼龙混杂，真假难辨，而且即便是在境外受到严格监管的平台，国内投资者跨境维权也很困难，而后者则不受任何监管，投资者权益更难保证。总之，两者在我国均无合法设立依据，监管部门从未批准，参与此类平台的投资者权益不受法律保护，投资风险较大。

在明确了外汇交易的法律地位和政策风险之后，如果一定要参与的话，也并无不可，毕竟国内的正规投资渠道实在有限，而且外汇交易在很多国家都是很普遍的。但是在参与之前一定要明确两个问题：

一是在国内从事外汇投资不受法律保护，就像炒比特币一样，投资者务必根据自己的风险承受能力理性投资，愿赌服输，风险自控；

二是务必选择正规的外汇经纪商。欧美很多国家对外汇经纪商有严格的监管准入，比如瑞士、英国、美国、澳洲等，投资者可以选择那些受到监管的正规平台。

目前各大外汇经纪商主流的交易品种包括：货币对（主要由世界七大货币组合构成，如欧元/美元、美元/日元、英镑/欧元、美元/加元、澳元/美元等）、黄金、白银以及原油，一般都以美元计价和结算。

外汇保证金交易跟期货交易类似，都是多空双向交易、T+0交易、杠杆交易。但是，外汇交易杠杆更高，国内期货市场一般为8～15倍杠杆，但外汇保证金交易中，有的杠杆可以放到200倍，一不小心极易爆仓。因此，交易者一定要控制好仓位，严格止损。

> 外汇市场是全球性市场，每天22小时交易，影响外汇市场行情的因素错综复杂，行情较难把握。

此外，国内股市、期货市场相对比较封闭，受外盘影响较小，但外汇市场是全球性市场，每天22小时交易，影响外汇市场行情的因素错综复杂，行情较难把握。全球任何一个地区出现重大事件（比如战争、政变、选举、地震等），或者一些主要国家公布经济数据、政策变动、领导人讲话等，都会引起外汇市场行情的巨大波动。

被"炒作"的金融工具——黄金

　　黄金是一种贵金属，黄金有价，且价值含量比较高。"黄金代表了世界货币的最终支付手段"，格林斯潘的这句话间接解释了近年来国内外黄金保值呼声重新响起的原因。而黄金保值这一说法被宣扬的同时，恢复"金本位"之说也见复活。"金本位"制自1971年8月美国政府停止国内美元兑换黄金，而黄金又经历两次贬值后开始动摇，随后结束了第二次世界大战后建立的以美元为中心的国际货币体系。公然违反国际公约的是美国惯常的霸道行径，为了应对美元危机而结束"金本位"制再次证明了这一点。

　　冷战时期，美国与苏联同为世界上的超级大国，与美国同一阵营的欧洲各国即使面对巨大的贸易收支逆差，也只能调整本国货币兑换美元的汇率，苦不堪言。这种屈辱的局面并未维持太久，因为欧洲各国的忍耐力是有限度的。在布雷顿森林体系下，第二次大规模的美元危机于1970年爆发。当时，美国的黄金覆盖率在世界各国央行急剧下降至22%，下跌的幅度超过50%。这一危机导致本已存在的巨大贸易收支逆差再次膨胀，此时，欧洲各国的忍耐力终于到头了。它们纷纷抛售美元，按照35美元一盎司的兑换率向美国兑换黄金，导致美国黄金储备锐减。

　　即便是在这种情况下，美国仍然坚持了一年多。1971年8月，国际兑换与收支议会附属委员会（House Subcommittee on International Exchange and Payments）发布报告称，美国日益扩大的财政赤字和美元在世界货币中的地位虚高，解决的办法就是美国必须改变汇率制度。

这份针对美国现状的报告仅出炉一个星期，时任美国总统的尼克松便作出了反应。1971年8月15日，尼克松出现在美国三大电视网络的荧屏前，向全世界宣布：美元与黄金脱钩，停止其他国家政府以美元兑换黄金的权利。

尼克松的这一举动，又被称为"Nixon Shock"。从这一天起，美国放弃"金本位"，黄金正式退出货币体系。其实，早在8月初的一个周末，为了摆脱国内社会失业、通货膨胀、国际收支赤字的困境，减缓美元暴跌、黄金外涌的危机，尼克松及15名顾问曾聚集在戴维营商量对策。经过激烈的辩论，智囊团的最终计划便是实行"新经济政策"。

尼克松的顾问们预备安排总统在星期一金融市场开盘前将这一决策公之于众，但尼克松却犹豫不决。这样爆炸性的计划，他不知道该不该在电视的黄金时段公布，但他的顾问们主意已定。做出这一划时代决定的关键人物保罗·沃尔克（Paul Volcker）坦言："我们的黄金断货了，我们别无选择，美元受到威胁，最终将导致危机。"毕竟，危机发生后最大的受害者就是美国，为了维护美国的利益，他们自然是不惜代价的。

沃尔克是美国这一时期的重要人物，他是财政部的高级官员，负责国际金融事务。在美元危机的紧要关头，他敏锐地感觉到美国必须立即放弃"金本位"制。在戴维营商议对策时，沃尔克坚决主张撕毁布雷顿森林体系协定，解决美国目前的经济困境。

金属货币制度发展至今，期间几乎没有哪一种纸币能够脱离金本位制、银本位制或者其他有形资产的抵押而流行于世，但美元做到了。是什么在暗中支撑着美元？是人们对于美元的信心。他们相信美国强大的经济实力，相信美国政府有能力和意愿兑现所有美元。

自从美国公布美元从此与黄金脱钩这一决定，曾经预期会被带动的全球经济立即陷入混沌状态。此时的美国正面临一个巨大的挑战，近年来，美元不断贬值，兑换日元以及大多数欧洲主要货币的汇率也不断下降。对于尼克松这一举动，华盛顿的两党政治家持批评态度。因为当时美国对外的军事承诺以及对内的新的社会计划都无法缓解逐步恶化的美元危机。而20世纪70年代，美国国内最可怕的通货膨胀已经发生，通胀率甚至超过了5%。

国内严重的通货膨胀持续削弱了美元的价值，为了避免手上的美元日渐贬值，交易员们纷纷抛出美元。当时支持美元价值的唯一来源，便是美国政府对外出售的国债。由于美国国债由美国政府作担保，被视为世界上最安全的投资。私人投资者认为美国国债安全性高、流动性大，而且在债权市场上能够自由地进行大量买卖，是个不错的选择，但外国政府却并不这么想，他们不愿意投资美国国债。毕竟一旦通货膨胀率超过了债权所支付的利息，所有的投资回报都将被通货膨胀吃掉，这种情况在20世纪70年代时有发生。

举个实例，当时美国国债所支付的利息是11%，但国内的通货膨胀率却高达13%，这意味着购买美国国债会损失2%的投资回报。外国政府不愿意购买美国债券，同时，美元的贬值仍在继续。失去了黄金支撑的美元，仿佛也失去了人们对它的信心。为了重建世界对美元的信心，美国必须找到一种能够替代黄金、有效影响美元价格的实物。

踏破铁鞋无觅处，得来全不费工夫。寻觅之际，以色列与叙利亚这一对中东地区的冤家又较上了劲。中东石油生产商宣布，凡是支持以色列对埃及和叙利亚开战的国家，一律停止对他们的石油供应。当时全球的石油交易都是以美元为结算单位，如果美国允许美元的价格自由波动，意味着石油生产国大宗商品的真正价值将变得越来越不值钱。因石油禁运决定而波动的石油价格，从某种意义上直接、合乎逻辑地呼应着尼克松的重大决定。欧佩克实行石油禁用，就是想抓住美元的价值，以保护他们自己不受未来美国通货膨胀的影响，这就给美国找到了替代黄金硬通货的机会。

真是天佑美国（God bless America）！这是美国政治人物演讲完必说的话。为了抓住时机，1975年，美国与生产石油的海湾国家签订协议，主要内容是这些国家只能用美元进行石油结算。如此一来，全世界需要进口石油的国家都必须持有美元，而随着油价上涨，这些国家还必须持有更多的美元。这样一来，即使美元失去了黄金的支撑，也有"黑金"——石油作为依托。

美元找到了石油作为支撑，但美国国内的通货膨胀却创下新高，美元危机仍未化解。这个危急时刻，沃尔克再次出现在大众的眼前。1979年8月，沃尔克被卡特总统委以重任，任命为美联储主席。他毕业于普林斯顿和哈佛，早在国会山庄就接触并熟悉了华尔街。尼克松辞职后他也离开财政部，担任纽约联邦储备分行的总裁。不得不说，像沃尔克这样的金融人才，无论他担任哪一种职务，在国际金融中所发挥的作用都无人可比。回溯20世纪末，可能没有哪一个人能够代替沃尔克，令美元的优势扶摇直上。

很明显，沃尔克在20世纪末做了一些他的前任不会或者不敢做的事情：将贴现率一路提高，直到通货膨胀稳定下来。在沃尔克担任美联储主席前，美联储曾小幅度上扬短期市场利率，收效甚微。沃尔克就任后，他的一系列加息甚至逼近20%，远远高于任何时候达到的利率水准。沃尔克的最终目的是为了控制市场上货币的数量而非价格，他坚信只有将利率抬高到难以想象的高度，才能控制住通货膨胀，恢复美元的信誉与美国经济。

我们知道沃尔克的铁拳货币政策从长远来看是成功的一抹重彩，但它在短期内却引发了美国国内严重的经济衰退。这么大幅度地提高利率，给美国各个领域带来了无法想象的创伤。当时，全国各地的汽车装配厂、炼油厂、建筑行业和房地产以及小型商店纷纷倒闭。1982年，美国的失业率突破10%，创下1940年以来的最高纪录，致使1200万美国人失去工作且没有任何失业补偿；同年，申请破产保护的公司高达66000家，是美国经济大萧条以来公司破产最多的一年，直接导致了1981年至1983年将近5700亿美元的经济损失。这时的美国经济极速衰退，美联储不断提高的利率令储蓄贷款机构的存贷利率出现了严重的利率倒挂，又爆发了新的储贷危机。

这种经济崩溃持续几个月后，通货膨胀率终于从13%下降到4%。随后根据沃尔克的指令，美联储开始下调短期利率。几个月后债权市场上涨，而长期利率下跌，道琼斯指数也跟着从800点上涨到2000年的11722.98点。

通货膨胀率下降后，美元的贬值趋势终于止住。从1980年6月至1981年8月，美元兑换其他国家货币的汇率上升了近35%，并且还有攀升的迹象。同时，由于利率下降，美联储的抗通胀获得胜利，美国金融市场与货币交易的信誉得以重建。这预示着即便央行再次下调利率，美元的价值也不会随之波动。人们再也不必担心手持大量美元可能存在的风险，更不必为美元可能消失而恐慌。

如今，美元仍然保持着它在主要货币中的特殊地位，美元价格的起伏也完全掌握在美国的手中。近年来，美元似乎遭遇了持续贬值，连破了"历史新低点"。虽然如此，美元的贬值却并未对美国境内物价造成多少影响，如纽约曼哈顿的第五大道是全球名牌集中地，但那里所售卖的商品的价格却比原产地还要便宜；如一个品牌的汽车，在加拿大购买会比在美国购买贵几千甚至上万美元，名车的差距则更大。这其中的关键原因是美元能够凭借它全球换算货币的金融霸权身份，在出现贬值的情况下依然掌握着定价权。

虽然美元与黄金脱钩后的一段时间，美国经济出现倒退，但美元的价值最终还是稳定下来，继续作为全球通行货币存在。可以说，美元对如今全球化浪潮的形成功不可没。这种货币交易为世界经济带来新增势，但也带来了新威胁，特别是对今天的中国。美元贬值从表面上看，似乎损害的是美国自己的利益，但实际上美国却是最大的赢家。因为美元贬值意味着美国的外债将缩水，某些国家所持有的大量美元也将一并贬值。债权人手中的美元变得不值钱了，不正是美国所期望的吗？目前中国是美元储备最多的国家，美元贬值会令中国现有的大量资产瞬间"蒸发"，未来的投资回报减少。更何况，他们只需要开动印钞机，拼命印制美元，就可以换取中国物美价廉的诸多商品，何乐而不为呢？

与此同时，美国还拥有发行权以及铸币税（Seigniorage）的诸多好处。铸币税也被称为"货币税"，原指发行货币的组织或国家获得铸币成本与该货币在流通中价值之差的经济现象，现在通常指中央银行通过发行货币而得到的收入。美国拥有的发行权与铸币权，相当于将美国变成了"世界中央银行"。这样一来，美国将不再受外汇储备短缺的制约，也能够避免巨额贸易逆差可能导致的货币危机以及债务危机，但美国却只需发行本国货币，就能通过贸易逆差获得国内经济发展所需的各类实物资源。美国在全球经济中早已占据了重要地位，美元的国际货币身份也众所周知，而全球美元化的趋势更是巩固了美元的霸权地位。

2003年3月20日，美国以伊拉克藏有大规模杀伤性武器为由，对伊拉克发动战争，一直到2010年8月美国战斗部队撤出伊拉克为止，历时八年，耗资巨大。许多人都认为美国攻打伊拉克是劳民伤财的不智之举，更有人怀疑美国意图占有伊拉克的石油。当真如此吗？不，美国攻打伊拉克的真正原因是为了确保全球石油依旧采用美元结算。

美元从很早开始就是石油的结算货币，美国何必多此一举呢？是因为美元有了新的竞争对手——欧元。1999年1月1日，欧盟决定实行统一货币政策，2002年7月，欧元成为欧元区的唯一合法货币，因此，欧元就变成了地位仅次于美元的世界第二大储备货币与交易货币，使用欧元进行交易的国家也越来越多，特别是伊拉克。伊拉克自千禧年开始，出口石油时便采用欧元进行结算，甚至于2002年将美元储备也转化为欧元。这一举动无疑是给美元的统治地位敲响警钟，美国唯恐签过协议的欧佩克石油国家违约，也将欧元作为结算货币。坐不住的美国为了捍卫美元的地位，杀鸡儆猴，借机对伊拉克发动战争。但即使美国采用如此霸道的手段，也无法改变欧元迅速扩张的事实。截至2009年10月，欧元在全球的流通量已经达到790亿，流通纸币与硬币的汇率最高总价值更是超过了美元。

但2008年金融危机发生后，欧盟国家紧接着出现了债务危机，欧元兑美元的汇率持续下跌。2009年12月3日，1欧元能够兑换1.5120美元，但到了2010年3月1日，1欧元只能兑换1.3478美元，跌幅接近11%。对于跌价后价值依然比美元高的欧元，金融霸权之下的对冲基金开始狙击落难的欧元，它们的最终目标就是要实现欧元兑美元1:1。如此一来，美元指数会大幅度上涨，这与全球的资金流向、大宗商品价格、原油和黄金的价格走势息息相关，也将对中国产生巨大影响。

先不谈其他，从资金流量上来说，美元将回流，也就是大量投机资金出逃中国，从高盛、摩根士丹利、美林和国际投机资本抛完了中国的不动产，已略见端倪。这场世纪豪赌胜算必定是美元，投机资本追逐美元符合其惯性，那么，中国的房市泡沫恐怕被刺破。

美元如此"神奇"，完全是因为美元身后美国的强大军事力量在撑腰。这两年美国一直放风攻打伊朗，原因与攻打伊拉克相同，最令美国感冒的并不是伊朗拥有核武器本身，而是一旦伊朗拥有了核武器，它的石油可能将不再以美元结算。如果伊朗决定不再由美元来结算石油价格，看着吧，美国立刻攻打伊朗。因为如果其他海湾国家纷纷效

> 美元如此"神奇"，完全是因为美元身后美国的强大军事力量在撑腰。

仿伊朗，美国还玩儿得下去吗？这就是为什么美国的军费开支是全球最高的原因，2009年达6120亿美元，而中国只有702亿美元，法国是788亿美元，俄罗斯667亿美元，日本580亿美元，英国530亿美元，德国395亿美元，印度290亿美元，韩国208.57亿美元，中国台湾为116.27亿美元。哪怕后面这些国家和地区的军费相加，还不到美国的三分之二。

第二次世界大战后，美元在国际上担当了重要的角色这是拜美元摆脱黄金的标准所赐，以及全球经济所释放出来的能量。随着国际贸易活动的日益增加，各国对美元的需求也就更多，美国可以开动印钞机，任意印制美元。

同时，美国通过出售国债（极低的利率），可以从海外借更多的钱而无恐惧感，因为20世纪 60 年代，外国人可以分分钟要求美元兑黄金。美国现在是债多不愁！巴菲特对此有公开的言论：让我们的孙子去还债吧！

可以想见，华盛顿越来越依赖于国外贷款，以此来保持或增加开支，同时削减税收，指望外国人来弥补预算缺口。而美国消费者从减税中得来充裕的现金，以及信用卡借款，贪婪地成为外国商品的大买家。在过去三四十年，似乎只有美国单枪匹马地保持着全球经济的繁荣与昌盛，只有美国人大手大脚地消费，甚至在疲软的商业周期也狂轰烂炸疯狂购物，经济学家称美国的购物狂是"消费者最后的胜地"。

所以，虽然美元"金本位制"解体了，美元已不再是世界基准货币，但它照样独霸一方，到了20世纪90年代，美元在世界各地被更广泛地使用着，简直比金子还值钱。世界各国必须以美元作为主要外汇储备。挣脱了黄金这一紧箍咒，也等于解放了美元。因不再受制于有限的黄金供应，美联储可以比以往任何时候印制更多的纸币，美国政府可以通过国债市场比以往任何时候借入更多的资金。以美联储为首的西方工业国信贷扩张明显加快，货币发行达到毫无节制、随心所欲的程度，美国也变成了世界上最大的负债国，大到了不能倒的地步，真可谓欠得越多，越是大爷！

但是近来，投资者和各国政府担心美元是否将进一步贬值。因为美国欠债消费即将断送美国——美国的外债和贸易赤字达到了从未有过的历史水平。黄金这一贵金属，也被金融霸权用来作诱饵，金融大鳄和御用经济学家利用人们渴望守住财富的心态，煽动诱惑人们购买黄金、投资黄金股。这股风也吹到了中国，黄金真能保值吗？

事实上，资本发展到当今社会，既然金本位制已经被废除，信用货币取代了黄金，黄金只不过是贵金属而已，自有其合理的价位。一份有关黄金提炼成本和预期利润的分析报告指出：黄金的合理价位应该在每盎司400美元左右。报告出炉时美元处于弱势；如果以强势美元来看，每盎司可能400美元都不到。如果黄金持续保持这一价位的话，那么储存黄金或许还说得过去。可是金价2009年曾经被炒高至1220美元一盎司，以这么高的价位购入黄金，何以抵御美元贬值？

再说了，储藏大量金子的话，根本不符合外汇储备的基本要素之一：流动性。而储藏纸黄金呢？到底相信哪个国家发行的？如果由美联储来发行，这纸黄金跟美元有什么差别？如果由英国来发行，那么和英镑又有什么区别呢？

> 社会的真正财富不是黄金，也不是白银，更不是信用货币本身，而是整个社会的劳动生产力。

事实上，社会的真正财富不是黄金，也不是白银，更不是信用货币本身，而是整个社会的劳动生产力。在金融海啸闹得最凶的头三个月，黄金演出了与石油相同的戏码，金价非但没有像专家预测的那样大涨，反而还下跌了20%；黄金股就更惨了，狂跌50%。连股票和房市的大市也不过跌去20%到40%，黄金的短线炒家们显然遭遇了更为惨重的巨大亏损！

在中国，人们深信黄金保值这一说法，为了避免未来的通货膨胀导致自己的资产缩水，人们纷纷投入购买金条与纸黄金的行列。根据简单的供需理论与价格理论可以知道，人们狂热购买黄金的这一行为必然导致金价攀升。对金字塔顶端的国际金融炒家而言，逐日攀升的金价不是阻碍，而是发财的机会。因为他们会在危机来临时，利用人们唯恐财富流失的心理，教人将金钱全部投入黄金，随后，自己又乘人之危狂扫一通，赚得盆满钵满。国际金融炒家主要通过制造金融危机赚取大量财富，俗话说得好，国际金融炒家是没有祖国的。

人们总是容易被国际金融炒家的话所蒙骗，以为拥有了黄金，就阻断了财富流失的路径。可人们太健忘了，忘记了三四十年前金价曾被华尔街炒到850美元一盎司！850美元一盎司是什么概念？假设按照最低每年3%的通胀率，这850美元的价值能超过现在的2000美元。在中国，100年前的五两黄金能够在上海购买一栋石库门，如果按照此时黄金1600美元一盎司来换算，五两黄金就是80盎司，折算成美元就是12.8万美元。按照此时美元兑人民币的汇率，大约是89万人民币。这点儿钱放在现在怎么够买一个石库门？即使是石库门里保姆居住的亭子间恐怕都不够。

不过，对于炒作黄金的现象，倒是应了一句老话："One man's trash is another man's treasure（一个人的垃圾是另一个人的宝藏）。"就在中国人排队抢购黄金的同时，作为全球三大金融机构之一的IMF（国际货币基金组织）和俄国，却趁金价高位大手笔抛售了450吨黄金，将原来的"废铜烂铁"卖了个好价钱。想一想，如果黄金真能在三五年内涨到2000～5000美元一盎司，难道他们都是傻瓜，丢掉生金蛋的鸡不要？就在IMF抛售不久，金价开始下跌，从最高点1220美元一盎司，跌至2010年2月5日1052美元一盎司。因此，黄金不是抵御美元贬值的"灵丹"，而是金融霸权用来圈钱的工具。

巴菲特早先有一句话是说对了："黄金被人类从非洲或其他地方挖掘出来，然后将它们溶化铸成金砖，再挖个大洞（指各国央行的地下金库）将它们埋进去，还必须花大价钱雇人看守。任何火星人看到这种事都会挠头不解的。"当金融霸权"唱衰"金价，准备进货时，就会捧出巴菲特这句名言。

在今天这种特定的社会环境里，财富就像流动的水，绝不可能静止不动。想守住流动的东西很艰难。在金融海啸中，百万、千万、甚至亿万富翁因破产而自杀

> 世界上的物质财富随时都可能转瞬即逝，只有精神财富才可以世世代代传承下去。

的新闻时有所闻。世界上的物质财富随时都可能转瞬即逝，只有精神财富才可以世世代代传承下去。

其实被金融霸权炒作的何止黄金，石油更是他们炒作的主要大宗商品。因为石油是"工业血液"，国家经济发展不可或缺；正因为对经济发展不可或缺，稍有风吹草动，就会大涨不止、大跌不休，被掌控定价权的金融霸权大捞特捞。中国在油价期货上可是亏大了。为什么呢？因为霸权资本蛊惑中国发展私人汽车，以实现所谓的"美国梦"为诱饵，使中国跨出了发展汽车工业的第一步；跨出了这一步，就必须以石油来支撑汽车业；既然发展了汽车业，就不得不修建高速公路；而修建高速公路势必侵占可耕地；可耕地日渐减少，一定会影响粮食的产量。简直步步为营，一环套一环。

事实上，周恩来总理早在20世纪50年代就明确指出，中国不适合发展私人汽车。因为基辛格说："谁控制了石油，谁就控制了所有国家；谁控制了粮食，谁就控制了人类；谁掌握了货币发行权，谁就掌握了世界。"而这三种控制权恰恰全都掌握在金融霸权手上，可见金融霸权的用心何其险恶。

"懒人"的金融工具——共同基金

证券投资致富有三大诀窍，一是投入的资金庞大，二是拥有足够的关于上市公司股票和各种证券的分析研究资料，三是具备丰富的投资知识、经验和技巧，才可能实现正确而有利的投资。然而，一般散户投资缺乏雄厚的资本与市场抗衡，更遑论具备高超的股票分析研究能力和投资技巧。为了解决散户投资的困境，让散户能用轻松、有效的方式参与分享各项投资获利的果实，共同基金应运而生。

所谓共同基金（Mutual Fund），是由股票、债券或者现金等投资产品构成的组合。这是一种集合大众资金，按投资者出资比例共同分享利润，分担风险的投资工具，个人或机构可以以股份形式参与投资，适用于中长期的投资。

共同基金由专业经理人进行日常管理，强调分权、制衡，合理分散投资；参与投资者不必精通股市、费心选股，却可能得到相当好的报酬率，因此有人称之为"懒人投资术"。

主办共同基金的投资公司和普通上市公司一样，通过发行股票的方式向大众招募资金。由于认购和赎回机制不同，投资基金分为封闭型与开放型两大类。

封闭型（Closed-End）共同基金投资公司，通过发行普通股的方式招募资金，公司要在证券管理委员会注册，所发行的股票数量是固定的。发行完毕后，其股票便可以在第二市场交易。

开放型（Open-End）共同基金投资公司，在向证券管理委员会注册发行时，股票发行数量是开放的。这种共同基金可通过不断发行新股的方式招募无限的资金。投资人直接从共同基金公司购买股票，当投资人卖出持股时，共同基金公司便赎回股票。这是现在最为通行的共同基金。

共同基金公司将募集的资金委托投资顾问代为管理操作，经由专业的基金经理人投资在股票、债券、期货、贵金属、选择权、认股权证、房地产或是其他共同基金的股份等各种投资对象，期望使基金资产不断成长，让投资人能分享资金成长的利益，但并不代表此种投资绝无风险，一定会获利。因此，所有由基金操作所产生之收益或风险都将由全体投资人分担。

共同基金起源于英国。工业革命勃兴，英国中产阶级累积了大量的财富，随着国力扩展，资金由英国流向美洲新大陆与亚洲等地区，谋求海外投资更高的报酬，但人们不熟悉海外市场，投资风险非常高，经常发生钱财被骗的事情。为了保障投资安全，投资人开始寻找值得信赖的人士，委托他们代为处理海外投资事宜，形成投资人与代理投资人之间的信托事业。1868年，由政府出面组成投资公司，委托专业人士管理，以国外殖民地的公债投资为主，建立信托基金（Trust Fund），以利于中小投资者和大型投资者都能享受国际投资的高报酬。

信托基金虽然起源于英国，却在美国以"共同基金"的名称蓬勃发展起来。第一次世界大战后，美国经济快速起飞，国民收入大幅提高，民众对于投资理财产生强烈需求，共同基金投资公司因此快速发展起来。1924年，波士顿的马萨诸塞投资信托金融服务公司发起设立了美国历史上第一家开放式基金——马萨诸塞投资信托基金，成立时只有5万美元的资产，在第一年结束时资产扩增至39.4万美元，目前资产已超过10亿美元。20世纪30年代金融风暴中，大量投机泡沫破灭，许多经营不善的投资公司纷纷倒闭，投资人血本无归。美国政府为了保障投资人权益，于1934年通过《联邦证券管理法》，1940年设立《投资公司法》，使得共同基金市场更为健全。第二次世界大战后形成一股风潮，使共同基金一发不可收拾，逐渐发展成为稳定和支撑美国证券市场的中坚力量。由于表现卓越，有人形象地比喻共同基金为推动美国投资市场蓬勃发展的"魔术师"。

2017年，全部共同基金的资金净流入为1740亿美元，延续指数化投资趋势，ETF的资金净流入达到4710亿美元，创历史记录。共同基金在美国养老金市场中也扮演着重要角色。ICI在2017年年中的统计显示，92%的共同基金持有家庭表示，养老储蓄是他们的财务目标之一，而75%的共同基金持有家庭表示，养老储蓄是他们的首要财务目标。截至2017年末，个人投资者资产占比近90%，每6个美国人中就有1人参与了共同基金的投资，家庭投资者数量超5600万。

投资共同基金可以将资金一次性全部买进，也可以分期分批买进，或者采取自动投资方式，每月自动向共同基金账户投入一定资金购买共同基金，自动投资方式可在任何时候停止执行。

共同基金有很多分类方法。按风险可分为：

1. 收益型基金（Income Fund）

追求固定而稳定的收入，投资对象多以债券、票券或定存为主。风险较低。

2. 成长型基金（Growth Funds）

以资产价值能够不断成长为主要目的，通常是以投资股票为主，而以获利稳定的投资工具（债券、公司债、票券）为辅。风险较高。其中又可分为"稳定成长型"及"积极成长型"（Aggressive Growth）两种，后者风险更高。

3. 平衡型基金（收益兼成长型基金，Balanced Funds）

介于收益型与成长型之间的基金，把资金分散投资于股票与债券，在风险与盈利间求得平衡点。典型的平衡型基金，投资人对风险承担程度随年龄、个性及不同社会阶层而不同。对年轻较外向的人来说，由于来日方长，可接受的风险较高，而接近退休年龄时，则较为倚重稳健的资金来源，因此可承受的风险较低。

共同基金有两大费用：一是手续费，二是管理费。

从1990年开始，美国共同基金的费率持续走低。2017年，股票型基金的加权平均费率降至0.59%。与买卖股票比较，投资共同基金的费用要节省得多。

现代社会发展进步的结果，是大众趋于富裕，民众渐有余财，一般不甘于存放储蓄账户获取微利，而是希望善用投资工具，在自己能够承受的风险条件下追求最大的经济效益，并与未来的生活大计结合到一起。由于社会分工机制不容许绝大多数人把主要精力放在投资上，换言之，不可能人人都来充当投资专家，因此由专业机构为大众进行个性化的理财服务，大力发展共同基金事业，是现代社会正常运行的需要。从这种意义上看，共同基金建立健全与发展壮大的状况，可以说是社会发展水平的一项标志。

共同基金的发展，还能有效弥补新兴市场以及转轨经济中存在的薄弱环节。比如新兴市场中存在投资者结构不理想、投资理念不够成熟以及投资管理技能和分析研究能力不足等问题，都可能借助基金业的发展有所纠治。

在中国资本市场，自从1997年11月14日《证券投资基金管理暂行办法》正式颁布实施以来，共同基金业已经形成不同投资风格的基金群体。因为股市总体表现不佳、基金人才储备不足且流动过大，以及银行等其他理财产品竞争等原因，所以中国共同基金市场发展缓慢，但未来它必将成为证券市场中越来越重要的力量，并通过加强国际交流与合作，在全球基金市场崭露头角，为中国金融改革提供持久的、强有力的支持。

交易未来的金融工具——期权期货

衍生证券（Derivative Securities）是由普通证券衍生而来，是一种既非贷款（像债券），也非股本（如股票）的金融工具。它们的价值和回报率依赖于被衍生的基础证券（Underlying Securities），比如资产（商品、股票或债券）、利率、汇率，或者各种指数（股票指数、消费者物价指数，以及天气指数）的价值。

衍生证券分为两大类：一种是期权（Options），另一种为期货

（Futures），具体还可细分为互换（Swaps，也可以译为掉期合约）、远期合约（Forward），认股权（Stock options）等。一旦购买了衍生证券，便表明你拥有了对其指定证券（Underlying securities）的某种权力。这些期货、期权合约都能在市场上进行买卖。

这里先来简单介绍一下期权合约。

期权就是金融衍生产品的一种，它的价值是从某一股票或债券或商品中衍生出来的。

在期权中，买入期权（Call Option）是指拥有权利在指定期限前，用指定的行使价格或称履约价格（Strike Price）购买指定的证券（Underlying Security），而卖出期权（Put Option）是指拥有权利在指定期限前，用指定的行使价格卖出指定的证券。购买期权所支付的费用称为权利金（Premium）。

举例来说，一次，我朋友老王回国探亲，在上海外滩闲逛，发现那里有一栋兴建了一半的公寓，外观十分大气，立刻被吸引。于是他走进售楼接待中心，一位售楼小姐热情地接待了他，向他介绍楼群的种种现况，说外滩地段好，房价看涨，六个月后公寓完工，一套市值起码1000万。售楼小姐对老王说："假如你现在付10万，我们可以在建成之后以900万的价格卖给你，即使那时房价涨到1000万，你还是支付900万，但是，假如到时你改变主意不买了，那么你之前支付的10万就归我们所有了。"

可能那位小姐都没有意识到，这就是最典型的"买进期权"。如果到时你买了房子，而且房子的市价也确实涨到了1000万，那么你卖出房子，可以立刻获利100万，去掉先前支付的权利金10万，净赚90万；假如到时候房价大跌，跌破900万，你完全可以不买，顶多亏损10万块权利金。也就是说，期权赋予你在未来的一段时间内买卖房子的权利。

必须注意的是，"买进期权"与"卖出期权"并不是一项期权交易的买卖双方，而"买进期权"或"卖出期权"本身就是买卖双方的一个约定。他们中只有买方才有权利选择执行或者放弃这个约定。

比如刚才举的例子中，我朋友老王和售楼小姐的这个约定就是"买进期权"，老王是这个约定中的买方，售楼小姐是卖方，而只有老王有权选择届时是否执行这个期权。

由上述例子可以看出，期权持有人可以按约使用权利，也可以任其作废，还可以在有效期内将权利转售给其他人。

再举一个例子。如果你买了一份IBM的"买进"合约，履约价格为80美元，你就拥有了在规定期限内以每股80美元买入IBM股票的权利。如果其股价一直低于80美元的话，你就可以不用执行权利；如果在这个阶段内，IBM涨到了100美元，你就可以执行你的期权。这时卖出"买进期权"的那个人，必须按约以每股80美元将IBM股票卖给你，那你可以每股赚20美元。

而如果你买了IBM的"卖出期权"，履约价格为80美元，那么你在一定期限内有权以80美元的价格卖出IBM。具体情况可根据"买进期权"的例子来类推，在此不另赘述。

注意，以上的例子对购买期权所支付的费用暂且不计。事实上，这笔费用的定价相当复杂，美国两位数学金融大师布莱克（Black）和舒尔斯（Scholes）为此专门发明了一个计算方程式，名为"布莱克吉舒尔斯模型"，并因此获得了诺贝尔奖。

近几十年来，带来丰厚利润的证券化、衍生化业务早就成了华尔街最主要的业务。从上述买房期权的例子可以看到，10万权利金就可以撬动900万，杠杆比例高达90倍。而华尔街的衍生化证券的实际操作比买卖房子至少复杂十倍，杠杆比例更高，而且花样繁多，这样反串，那样对冲，将风险包装得漂漂亮亮，变成美丽的罂粟花，诱人上钩，同时用不可思议的杠杆，使华尔街投行天量获利！

"期货"是买卖双方在期货市场上签订的一种契约合同。这种合同定时、定量、定价买长（Long）卖短（Short）某种货品，包括各种债券、外汇及某种具体实物等。

注意，期货不同于期权之处在于：在做期权时，买"买进期权"，或买"卖出期权"的那一方，有权决定是否真要履行合约，届时要是无利可图，可以放弃。而期货就不一样了，合约到期时，必须履行他们的买卖合同。以上面提到的那个买房期权为例，如果改为买期货，还是假定建成之后以900万的价格卖给你，那到期如果房价涨到1000万，你还是支付900万，赚100万；但是，要是届时这房子跌到600万，那就对不起了，你也必须以900万买下来，亏300万！

你们可能要担心了，假如买卖合约是实物，比如说买了一万头牛，到时候搁在哪儿呢？不用担心！实际上是不会真将一万头牛运到你家门口的。要是做"买长"（Long）的话，只需"卖短"（Short）一个一万头牛的合同，就可以关闭（Close）你的持仓（Position）了。当然，具体操作起来不像我说的这么简单。

打个比方，有个农场主张三，每年收获100吨玉米，正常情况下，应该能卖到1000元一吨。他生怕那年玉米丰收而跌价，就卖了一个100吨，每吨1000元的玉米期货。要是那年玉米真的跌了，他的玉米当然不会卖到好价钱，但他在玉米期货市场就赚了，正好弥补亏损。张三所做的就是对冲（Hedge）。而和他签订期货合同的买方李四，就像赌场里下注"大小"，他购买期货合约完全是一种"冒险投机"。如果那年玉米的价格超过每吨1000元，他就赚了，而跌到1000元以下，他就亏了。

> 期货市场只是财富的再分配，并不创造新的经济价值。

期货市场需要买"保险"的张三，以对冲他的收益，也需要投机者李四的参与，赌他的运气。这两方就像是一对"欢喜冤家"，缺一不可，少了任何一方，戏就唱不起来了。张三和李四可谓各取所需，又各得其所。

期货和其他所有衍生证券一样，是个零和游戏，就像四个人打麻将，有人赢必定有人输，在同一段时间内所有赢家所赚的钱，与所有输家所赔的钱相等。说穿了，期货市场只是财富的再分配，并不创造新的经济价值。

不过要注意，前面的例子中，买卖期权和期货的费用都暂且不计。因为计算费用相当复杂。

在国际期货市场上，一般要通过前面谈过的保证金账户来具体操作期货的买和卖，而保证金账户上，至少需要总交易仓位市场价值的25%，即应用了1∶4的金融杠杆。而做期货的保证金比一般证券的保证金账户比例更低，只需总价的5%～10%。保证金加上期货，那可是杠杆加杠杆。可见在期货市场中的投机者获利或亏蚀的幅度，可以是本金的数十倍乃至数千倍。

其实，开创期货市场最初的目的是很不错的，基本上与做保险的概念相似，但是这种投资工具也极其容易被滥用。如今，石油、粮食、钢铁和黄铜等大宗商品的炒作，已成为期货市场金融大鳄的捞钱之法。

中国在原油期货市场交易频繁，因此亏损颇为巨大，大家一定会问，这是为什么呢？

因为油价超稳定的黄金时代已经一去不复返。比如美国在1970年之前的50年，去除通胀因素，油价长期徘徊在每桶20美元上下，可是自从1967年石油禁运开始，到1973年的石油危机，再到1979年的能源危机，以及20世纪80年代的石油过剩，还有20世纪90年代的油价飙升，导致石油价格上上下下起起伏伏。

事实上，导致油价上下波动的因素不外乎以下几点：

首先，石油越来越稀少，这是不争的事实。按照经济学的供求法则，任何商品一旦变得越来越少，其价格就应该上涨。但是这一法则却不能简单地应用在油价上，关键在于定价权，因此石油价格经常完全违背供求法则。当油价上涨到一定水平，各国将抓紧开发绿色能源，在将来，绿色能源也可能会替代部分石油，这将导致油价下跌。

> 当今全球的石油交易是以美元结算的，当美国需要弱势美元时，油价便上涨，但从长远来看，美国需要强势美元以维护其霸权地位（借此出售美国债券），因此油价会下跌。

最关键的一点是，世界经济从来都与政治息息相关。当今全球的石油交易是以美元结算的，当美国需要弱势美元时，油价便上涨，但从长远来看，美国需要强势美元以维护其霸权地位（借此出售美国债券），因此油价会下跌。这些因素正是油价忽上忽下的奥秘所在。

归根结底，由于大宗商品的定价权在华尔街的手中，期货便成了华尔街最擅长玩儿的买卖。机构在做期货时，一定要小心小心再小心，而对于散户来说，最好就像对毒品一样——远离。

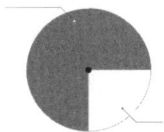

第三章

向纵横金融江湖的大师们学习

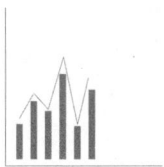

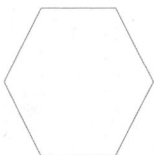

美国共同基金的先驱邓普顿

约翰·邓普顿爵士（Sir John Templeton）是最受人崇拜的两位华尔街大师之一，也是美国共同基金的先驱。

邓普顿与另一位华尔街大师巴菲特一样，都是价值型投资的忠实信徒，能把价值型投资发挥运用到极致。

邓普顿的投资风格，一是在大家都没有信心时进入；二是分散投资；三是长期持有，即使在最艰难的时期，而在大家都极其乐观时却卖出。这三点说说容易，但真正能做到的又有几个人？

当邓普顿还是个12岁的少年时，他便曾以极低的价格，从一个农民的手里买下一辆几近报废的汽车，然后逐渐更换汽车零件，修好的车居然一直开到中学毕业。他一生的投资理念，便可以从这件事上略见端倪。他的名言是："极端悲观之时，正是买入的最佳时机（Time of maximum pessimism is the best time to buy）。"当别人都非常乐观的时候，他倒反而清仓，寻找下一轮机会。

> 邓普顿不是简单选择内在价值被低估的公司，而是选择所有人都认为无药可救，已经完全不抱希望的公司。

当然，邓普顿不是简单选择内在价值被低估的公司，而是选择所有人都认为无药可救，已经完全不抱希望的公司。譬如，1939年，第二次世界大战爆发，人们以为世界末日即将来临，许多公司都处于破产的边缘。而他则到处借钱，就像当年买下那辆破车那样，以100美元购进104家公司的股票，每家公司买一股，每股一美元以下，并连续持有四年之久。结果，世界末日并没有来临，在所有104家公司中，即便有34家破产，最后真正一文不值的股票也有四只，但其他绝大多数股票的股价，都随着同盟军的节节胜利而不断大幅上升。四年后他卖出这些股票，一共挣得四万美元，赚了400倍！这也是他人生第一桶金的来源。

如果说12岁那年的买破车事件纯属偶然，大战之时买进股票也是因为运气好，那么，他建立的第一个共同基金"邓普顿成长基金"，几十年来的平均回报率则达13.5%！

英雄之所以为英雄，确实和普通人不同。邓普顿和巴菲特一样，都过着极其简约的生活，一生从来没有坐过头等舱，从来不开名牌车，和普通的美国中产阶级没有多少区别。我崇拜他，并不单因为他能赚钱——在华尔街，比他钱赚得多的大腕儿还有不少。我真正崇拜的是他的人生观和价值观。

众所周知，在近代的美国，安德鲁·卡内基图书馆体现了美国民主镀金时代的信心，约翰·洛克菲勒大学则体现了美国科学世界改良论的进步，但是要定义我们这个时代的慈善家，不是靠创立一所大学或捐献收藏的艺术品，或者捐赠所有的财产来定义。现代的慈善家必须集宗教慈善、投资精神以及哲学观为一体，而约翰·邓普顿爵士正代表着这样的特点。

在进入华尔街之前，邓普顿毕业于耶鲁大学经济系，是一个典型的学者。1954年，他成立了邓普顿互惠基金，是最早提出到美国以外的国际市场去的伟大的全球投资者。他选购的国际股票，更是早在其他投资人还没有注意到这些股票的时候。

晚年的邓普顿在事业如日中天时功成身退，移居英国，全身心投入慈善工作，在精神道德领域继续进行"投资"。1992年，他卖掉了公司，成立了约翰·邓普顿慈善基金会，开始把全部金钱和时间都用来做慈善。2005年，邓普顿以5.5亿美元的捐款进入全球50位最大慈善家的行列。

与其他慈善家相比，邓普顿更注重"精神层面"。邓普顿雄心勃勃的目标是：将科学与宗教统一和调和，以促进社会的进步。在美国，邓普顿几乎是唯一一个恢复宗教科学领域的人。他每年向100所高校各发放一万美元以支持研究科学与宗教，并且以同样多的资金给医学院开设"愈合和灵性"（Healing and Spiritual），即精神治愈的课程。他每年发出的奖学金，都超过诺贝尔奖的数额。

他就像是中国传统故事中半路出家的高僧，忽然之间看破了红尘，过着远离尘世的生活，从事慈善活动，追求精神的慰藉，并悟出了许多人生的道理。为此，邓普顿还写了一部书，书名为《发现人生定律》（Worldwide Laws of Life）。他在书中罗列了200条永恒的精神和伦理的规律，并声称它们在任何地方、任何时间，适用于任何人。真能制定出这样的规律吗？这是邓普顿毫不掩饰的、乐观的、科学的想象："引领高尚生活的基本原则是可以检验和测试的，就像检验科学和测试宇宙的自然规律。"

"股神" 沃伦·巴菲特

因独到又奇特的投资眼光而闻名世界的股神巴菲特，于2019年5月4日与芒格一同召开伯克希尔·哈撒韦公司的第54届股东大会。这次股东大会异常隆重，吸引了全球五万多名巴菲特粉丝前往参与，毕竟股神年事已高，这样的机会应该珍惜。在那次股东大会上，巴菲特在长达六个多小时的问答环节，回答了50多个问题。对于人们关心的热点问题进行了一一解答。现场的中国粉丝数量大约有近一万，占全部参与人员的1/5。不在现场的投资者们则彻夜观看直播视频，想要从中学习一二。

为什么将巴菲特称为股神？在过去的50多年中，巴菲特凭借其丰富的经验与敏锐的眼光进行的投资，几乎每年的投资回报率都超过20%，只有两年出现亏损。一般人想要创造长期稳定的收益都是难上加难；要回报率超过20%，更是天方夜谭，但巴菲特做到了，他创下了这个史无前例的投资奇迹。并且，他的财富大多来自股市投资，他是股市投资的常胜将军，"股神"之称名副其实。

其实，巴菲特所投资的公司的特点都有迹可循。瑞士信贷集团研究分析师团队负责人Bhumika Gashti曾在最新研报中表示，巴菲特近年来对投资股票的标准为高回报率、抗通胀能力强、债务负担小或者无债务、管理良好并易于理解的公司。并且，无论是哪个行业，巴菲特都会挑选前两三家公司进行投资。

比如，巴菲特在保险行业投资了两家表现极佳的公司，它们是美国最大的保险公司之一通用再保险公司（General re）与美国最大的汽车保险公司之一政府雇员保险公司（GEICO）。因为保险公司具有稳定的现金流通量，只要计算准确，投资风险是可控的，投资回报更是可以用数值把控的。

巴菲特在食品方面，投资了可口可乐公司——伯克希尔拥有可口可乐公司10%的股份，是最大的股东；在医疗保健方面，投资了全球超过250家子公司、产品销售遍及170多个国家与地区的强生公司；在日用方面，投资了地毯公司Shaw Industries与家具公司Nebraska Furniture Mart。这些公司都符合巴菲特的投资特点：它们基本上不会被经济周期左右，获利稳定。

> 保险公司具有稳定的现金流通量，只要计算准确，投资风险是可控的，投资回报更是可以用数值把控的。

伯克希尔·哈撒韦公司不仅是可口可乐公司的最大股东，还是美国运通、富国银行以及US Bancorp的最大股东。其中，美国运通在金融服务业价值最高，富国银行拥有全球最大市值，US Bancorp也是美国七大银行之一。

巴菲特近年来几乎不投资高科技公司，但他在2011年时曾投资了IBM，持有其8.5%的股份，是当时IBM的最大股东。这是巴菲特的一次尝试，但显然以失败告终——巴菲特投资了130亿美元，却在将近六年的时间内亏得精光。这次尝试彻底打消了他投资高科技公司的想法，更加坚定了他追求风险可控、回报可期的投资信念。

因此，巴菲特错过了投资谷歌、亚马逊和脸书的机会也并不可惜，他坚持投资可口可乐、通用再保险与美国运通这类传统公司依然是明智之举。至于投资苹果公司，那是在苹果公司成熟之后的事情。当时的苹果公司在巴菲特眼中已经不是风险不可控的高科技公司，而是有持续进项的消费品公司，伯克希尔此时入股，只有好处没有坏处。

> 巴菲特的策略就是投资自己熟悉的产业，最大限度地掌握投资环节的诸多不可控因素，实现利益最大化，保护股东的权益，而不是像一些投机取巧的公司，只看见眼前的财富，忽略长远的发展。

总之，巴菲特的策略就是投资自己熟悉的产业，最大限度地掌握投资环节的诸多不可控因素，实现利益最大化，保护股东的权益，而不是像一些投机取巧的公司，只看见眼前的财富，忽略长远的发展。

不过，巴菲特也确实出现了违反他投资理念的行为。如他偏离以往的原则，"弃轻求重"，投资了北柏林顿铁路公司。从来坚持"只买不抛"的股神，在中国的一次投资中也打破了自己的原则。2003年，巴菲特首次进驻中国企业，便购入了中石油5亿美元的股份。这一消息不胫而走，信赖股神的股民纷纷攥紧手中的中石油股，坚决不抛。他们盲目地相信，只要跟紧巴菲特的动作，赚大钱还不是小菜一碟；但天有不测风云，一贯坚持"只买不抛"的股神却在四个月后将手中的股票悄悄悉数抛出，获利35亿美元。不知情的中国股民仍然紧握中石油的股票，随后股价大跌，无数的中国股民成了接盘侠，损失惨重。

然而在2019年股东大会上，巴菲特依然强调自己很看好中国市场，宣称未来15年内也许会做一些大的部署。

中国股民有了之前中石油的教训后，明白了无论何时绝不能盲目跟风，就像巴菲特只投资自己熟悉的行业一样，他们也当如此。如果非要借鉴巴菲特的投资经验，大可研究他投资过的美国公司，在中国寻找对标的公司进行投资，既可以减少时间成本，也可以避免不必要的金钱损失。

除了股市，巴菲特在黄金问题上也是行家。他坚持自己一贯的观点，认为从长期来看，投资黄金的复合增长率非常低，黄金不能保值。

从历史的数据来看，黄金的"保值"属性是经不起推敲的。从20世纪80年代到2000年，差不多有20年的时间，黄金没有大涨过。考虑到通胀因素，再考虑到20世纪90年代美国股市的繁荣，在很长一段时间，黄金实际上在贬值。直到2000年之后，黄金才开始强势起来，给予人们黄金能够保值的假象。然而，根据沃顿商学院教授、美联储和华尔街优秀投资机构的顾问杰里米·西格尔的分析，从1801年至今的200多年中，投资黄金的1美元仅仅变成了1.4美元。也就是说，随着金价的上下波动，投资黄金200多年的实际年收益率近乎于零。

> 从长线来看，黄金无法保值增值，别说目前的熊市，哪怕牛市之中也一样。

这也正是巴菲特在股东大会上提到的"如果你在基督时代买过黄金，并且使用复合利率来计算，也只有百分之零点几"。这和巴菲特之前反复强调的相同：黄金不能保值。我也多次表达了和巴菲特一致的观点：从长线来看，黄金无法保值增值，别说目前的熊市，哪怕牛市之中也一样。

最后，巴菲特明确点明：买比特币的人和投入黄金一样，只指望着它价格上升，通过价格之差来获利，那就只是投机的赌博行为，和投资一家公司，希望着这家公司的蛋糕不断做大、投资者都能获利的投资行为是风马牛不相及的。

总之，巴菲特的投资理念其实非常清晰，归根到底，就是只投资、少投机，甚至不投机。再特别提一下，截至2019年第三季度，伯克希尔·哈撒韦公司账面上有1280亿美元的现金。这充分说明，如果没有值得投入的资产，巴菲特宁愿现金为王，也绝不轻易投机！

长寿的投资大师欧文·卡恩

欧文·卡恩不但是华尔街，甚至可以说是全世界最年长的投资经理人。人们很难想象，2012年12月19日，当他吹灭107岁生日蛋糕上的蜡烛时，还尚未打算退休。

每天早上七点，卡恩按时起床，吃完早餐后，到书房阅读一些非小说类书籍。他九点准时出发，从纽约曼哈顿上东城的家，或坐公共汽车，或步行20条街，来到位于麦迪森大道的卡恩兄弟集团——他与儿子共同创立的公司，每周工作五天，乐此不疲。

卡恩到达办公室的第一件事，便是阅读《华尔街日报》以及与投资相关的财经新闻，然后审阅公司每一笔买进和卖出的交易记录，有时亲自坐镇会议室，在45分钟内完成1000万美元的大交易。

卡恩早年是哥伦比亚大学商学院的助教，是本杰明·格雷厄姆（Benjamin Graham）的学生（也就是说，他是巴菲特的师兄），一直追随恩师，坚持价值投资的理念，从1928年起便在华尔街做金融分析，至今已有84个年头。

卡恩认为的"价值投资"，是具有稳固根基的"合法"企业，这当然是他幽默的说法，所谓"合法"，是指生产食品、服装和其他生活必需品的企业，因为"每个人都想要干净的衬衫，想购买宝洁（Procter & Gamble）产品"。他所投资的企业无一例外，都有丰厚的股息分红。

> 健康长寿的另一大优势，是帮助卡恩有足够的时间发现并投资新的领域。

而健康长寿的另一大优势，是帮助卡恩有足够的时间发现并投资新的领域。比如在20世纪30年代，尽管经济大萧条，广播和电影两大领域却异军突起、蓬勃发展，而今天，环境和能源技术是他潜在的投资领域。

在华尔街证券业，只有卡恩的竞争对手、金融家罗伊·纽伯格（Roy Neuberger）可与卡恩一比高下。纽伯格107岁去世，但他99岁就已经退休，离开竞争激烈的华尔街。因此，卡恩既长寿，又健康（无任何疾病），并快乐地工作着，这就不能不令世人震惊和啧啧称奇了。

媒体当然不会放过请教卡恩健康长寿的秘诀的机会，卡恩则回应："每年有数以百万计的民众死于这样那样的疾病，只能说这些人缺乏智慧和控制他们冲动的能力。"

虽然卡恩说得非常不客气，但仔细观察一下我们周围，很多有条件消费的富人，凭借财富过着毫无节制的奢靡生活。例如国际巨星惠特尼·休斯顿，因为吸毒，2001年散尽高达1亿美元的唱片续约金，结果由于使用可卡因，诱发心脏病，溺水猝死在酒店，令世人扼腕痛惜。

而无条件消费奢侈品的工薪族，也往往会为购得一款名牌包或豪华车，千方百计地"创造条件"去消费。他们要么靠借贷，"用明天的钱圆今天的梦"，要么节衣缩食，积攒数月工资，抱着"人有我也要有"的攀比心理，拼命赚钱，拼命消费，变成只知价格（price）、不知价值（value）的盲从购物者，结果非但没有增加自信，反而因为过分依赖名牌，身心陷入空虚、无力和焦躁中。

其中比较极端的例子，是《三湘都市报》刊登的一则事件：年仅17岁的小王通过网络找到黑中介，想卖肾换钱。在黑中介的牵线下，他奔波千里来到郴州，做完检查后，在郴州一家医院的男性泌尿科做了手术，事后得到人民币2.2万元。拿到钱后，小王立刻购买了渴望已久的苹果手机和iPad2。

由此可见，在当今的商业社会，商品广告诱发了人们的物质欲望，使许多人迷失在物欲世界，消耗了生命。多数人都无法像卡恩那样，富有却热爱简单朴素的家庭生活，每天中午回家陪爱妻吃午饭。他不打高尔夫球，不加入付费俱乐部，不购买周末度假屋，不养车，甚至很少独自旅游。

卡恩以他健康、快乐和丰富的人生，向人们道出了生活的真谛："停止购买你并不真正需要的东西，并注重生活的要领，你就会长寿和快乐！"

最值得信任的投资大师沃尔特·施洛斯

每当提起投资大师，闪过我们脑际的不是巴菲特、索罗斯，就是罗杰斯或彼得·林奇，鲜少有人知道沃尔特·施洛斯（Walter Schloss）也是华尔街的投资奇才。在竞相"玩别人口袋里的钱（Play other people's money）"的华尔街，如果问我把钱交给谁去"玩"最放心，我会毫不犹豫地交给施洛斯。为什么呢？因为在施洛斯近50年的投资生涯中，曾历经18次经济衰退，但是他所管理的基金却赢得20%的年复合回报率，扣除费用之后的年复合回报率达15.3%，远高于标普500指数10%的表现，累计回报更是高达698.47倍，大幅跑赢标普500指数回报率的80倍。

或许用百分比来形容投资回报率还太抽象，以具体的数字来举例会更贴切。如果你在1955年向施洛斯的基金投入1000美元，到了2002年，其价值将超过100万美元，也就是说，1955年的每1美元，到2002年就变成了1000美元，这么长期的超稳定的回报，除了巴菲特，华尔街几乎没有人能够在投资业绩上与他相比。

而施洛斯管理基金的最大特点，也是最值得股东信赖的要素之一，就是他在"玩别人口袋里的钱"时，不像其他基金管理人，无论赚钱赔钱，必须首先扣去2%～3%的管理费放进自己的腰包。施洛斯不一样，他是在其管理的基金盈利时，才收取25%的业绩提成，否则分文不取，这一点是最令人崇敬和佩服的。

为了做到降低管理成本，施洛斯采用的策略包括：**首先，他从不雇用证券分析师、交易员，甚至连秘书都没有**。他的儿子是他唯一的雇员，二人共用同一部电话，在一个小到被巴菲特戏谑为"壁橱"的办公室里，几十年如一日地做出惊人的投资之举；**其次，他几乎从未出现在任何财经节目和报道中，他的基金从未进行过任何营销**。他不去调研，几乎不与外界沟通，也没有特别的信息渠道，只在办公室通过电话向上市公司索取财务报告，然后认真仔细地阅读，平均每两周寻找一只新股票；最后，也是最重要的一点，在施洛斯的92个股东里，很多人并

> 在跌宕起伏的股市里，他把"别人口袋里的钱"，当成自己的钱来管理，从不投资金融杠杆过高的产品。

不是有钱人，每一笔投资对他们的家庭来说都至关重要，因此**他坚持把资产的安全性放在首位，每年出具一封简单的信件，说明基金的投资业绩和成本支出等情况**。

由于施洛斯珍惜投资人的每一块铜板，并深知一旦亏损，就很难再赚回来，所以在跌宕起伏的股市里，他把"别人口袋里的钱"，当成自己的钱来管理，从不投资金融杠杆过高的产品。

但凡在股市里扑腾过的人都知道，"投资，投资"，顾名思义，是一种具有风险的行为，而投资者一般都认为高风险带来高回报，其实不然。举例来说，定期储蓄被认为是一种低风险、低回报的投资，因为当你把现金存进银行，获得的仅仅是利率回报（定期利息），不过无论怎么说，你的投资是增值的，只是增值不多而已。

而投资股票则被认为是高风险、高回报的行为，因为你进入股市的时候，并不知晓能有多少回报，但如果一切顺利的话，你会得到高回报（派息），但也可能颗粒无收，甚至"断腕割肉"。比如美国银行（Bank of America）和花旗银行（City Bank）等股票，都是从原先的每股几十美元跌至几美元，甚至几毛钱一股。这是施洛斯最忌讳的股票，他挑选的大多是价值型股票（有派息分红）。

如果通过立法，华尔街人都能像施洛斯那样"玩别人口袋里的钱"，证券市场就会健康发展，经济危机也就可能减少，甚至不出现。可遗憾的是，施洛斯只有一个，获得了"超级投资家"美誉的他，在2012年2月19日去世了，享年95岁……

沃尔特·施洛斯的十条投资黄金法则如下：

1. 对于价值来说，价格是最重要的因素。

2. 尝试证实公司的价值。以账面价值为出发点，试着确定企业的价值。记得股份代表了一个企业的一部分，不只是一张纸。

3. 有耐心些，股市不会马上上涨。

4. 不要让你的情绪影响你的判断，不要因为消息、建议或突然上涨而买入。

5. 一旦你做出了决定，就要敢于相信自己。

6. 树立自己的投资理念，并努力遵守它。

7. 试图按照资产打折买入比按照收入买入更靠谱一些。

8. 听从你所尊重的人的建议，并不意味着你一定要接受。

9. 记住复利的魔力。记住72规则，72除以你的回报率，将会告诉你多少年你的钱会增加一倍。

10. 小心杠杆。它可能对你不利。

"股票天使" 彼得·林奇

我欣赏的另一位华尔街大师是彼得·林奇（Peter Lynch），他出生于1944年1月19日，是一位股票投资家和证券投资基金经理。目前他是全球最大的公募基金富达公司（Fidelity Investments）的副主席、富达基金托管人董事会成员之一，现居波士顿。

在彼得·林奇出任麦哲伦基金（Magellan Fund）基金经理人的13年间，麦哲伦基金管理的资产由2000万美元增长至140亿美元，基金投资人超过100万人，成为富达的旗舰基金，基金的年平均复利报酬率达29.2%。

彼得·林奇在一次经典演讲中，重点谈到了他对股票的认识的十个要点，他表示："这些要点对我而言关系重大，并且我认为它们对试图在股市中赚钱的人也有重要的作用。"

其核心观点"股票市场常见的四个最危险的说法"如下：

危险的说法1：既然股价已经下跌了这么多，它还能跌多少呢？

"差不多在我刚开始为富达工作的时候，我很喜欢凯泽工业这只股票。当时凯泽的股价从25美元跌至13美元。那时我就使用了"危险的说法1"这条规则。我们买入了美国证券交易历史上规模最大的单一一宗交易。我们要么买入1250万股，要么买入1450万股，买入价是11.125美元，比市场价格低1.5美元。我说，'我们在这只股票上做的投资多好啊！它已经下跌至13美元。从25美元跌到这个水平，不可能跌得更低了。现在是11.125美元'。"

"当凯泽的股价跌至9美元的时候，我告诉我母亲，'赶紧买，既然股价已经下跌了这么多，它不可能跌至更低'。幸运的是，我母亲没有听从我的建议，因为股价在接下来3个月跌至4美元。"

"凯泽公司没有负债，它持有凯泽钢铁50%的股份、凯泽铝业40%的股份、凯泽水泥、凯泽机械以及凯泽广播30%的股份——该公司共计持有19家子公司。在那个时点，由于股价跌至4美元，1亿美元可以把整个公司买下来。"

"回想那时，一架波音747飞机的售价是2400万美元。如今，我想这么多钱连波音747的一个厕所都买不了，或许可以买一个引擎。不过那时凯泽工业公司的市值可以买下4架波音747飞机。该公司没有负债，我不担心它会破产，但是我买入得太早了，不能买入更多股份，因为我们已经达到了上限。"

"最终在四年之后，他们清算了持有的所有头寸，结果这只股票成为一个极好的投资。最后每股的价值是35美元或40美元。但是，仅仅因为一只股票的价格已经下跌很多而买入，不是一个好的投资思路。"

危险的说法2：我能赔多少？股价只有3美元。

"第二条危险的说法非常重要，我永远都能听到这个说法：'股价3美元，我能赔多少？股价只有3美元。'"

"现在我们来做个算术，回到我们基本的数学知识。如果你买入两只股票，一只股价为60美元，另外一只为6美元，你在这两只股票上面各投入1万美元，如果他们的股价全都跌至零，你赔的钱完全一样。这很明显。结果就是这样。人们就是不相信这一点。你们回家之后自己算一算就知道了。"

"很多人经常说：'天啊，这群笨蛋竟然买价格为60美元的股票，我买的股票只有6美元。我这个投资多好啊。'但是，注意观察那些通过卖空股票赚钱的人，他们不会在股价达到60或者70美元、并且仍然处于上涨通道的时候卖空这只股票。他们选择在股价下降的过程中杀进来，在股价跌至3美元的时候卖空。那么是谁在接盘这些人卖空的股票呢？就是那些说'股价只有3美元，还能跌到哪儿去'的人。"

> 是谁在接盘这些人卖空的股票呢？就是那些说"股价只有3美元，还能跌到哪儿去"的人。

危险的说法3：最终，跌去的全都将反弹回来。

"以RCA公司为例。它曾经是一家非常成功的企业。RCA的股价反弹回1929年的价位用了55年，可以看出，当时它过高定价的程度有多高。所以抱牢一只股票，并认为它终将反弹到某个价位的想法完全行不通。佳斯迈威（Johns Manville）公司、移动房屋公司、双排钮针织服装公司、Winchester光盘驱动公司，记住这些公司，它们的

> 抱牢一只股票，并认为它终将反弹到某个价位的想法完全行不通。

股价跌下去之后就永远没有反弹回去。不要等待这些公司的股价反弹。"

危险的说法4：当股价反弹到10美元的时候，我就卖出。

"一旦你说了这句话，股价就永远不会反弹到10美元——永远不会。"

"这种情况发生了多少次？你挑选了一个价格，然后说，'我不喜欢这只股票，当股价回到10美元的时候，我就卖出'。这种态度将让你饱受折磨。股价可能会回到9.625美元，但你等一辈子，可能都等不到它回到10美元。如果不喜欢一家公司，不管你当时的买入价是40美元还是4美元，如果公司成功的因素不在了，如果基本面变弱，你就应该忘记股票以前的价格走势。"

"希望和祈祷股价上涨没有任何用处。我曾经试着这么做过，没用。股票可不知道是你在持有它。"

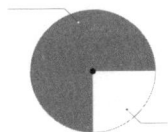

第四章

理解金融危机，规避经济风险

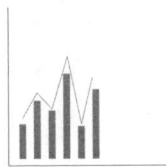

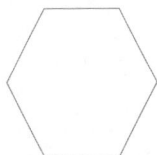

金融危机的来源

社会贫富过于悬殊，必定会造成金融危机。

一百多年前，美国从银本位制更换成了金本位制，就是每单位的货币价值，等同于若干重量的黄金。随着生产力的迅速提高，商品产出猛增，对货币的需求也猛增。但尽管黄金比白银贵重，却因为金属货币毕竟有限，当财富越来越集中在少数人手里时，社会流通的货币就少了。譬如20世纪大萧条前，因为生产出的商品无法售出，形成了所谓的产能过剩，也就是说，生产力大大超过了黄金的总量，最著名的一个场景就是资本家宁愿将牛奶倒入大海，也不愿降价出售。但另一方面，有无数婴儿因为没有牛奶喝而营养不良，甚至死亡。

罗斯福的新政中有一条规定，把美国民间所有的黄金都收归国有，从而废除了金本位制，然后又发行信用货币，这才度过了大劫难。如果说那次危机是金本位惹的祸，其实只说对了一半，更关键的原因是财富的不均。

我们时常看到这种现象：一方面，富人们钱多得花也花不完，也无需再花费，因为他们和普通人一样，一天吃不了20顿大餐，晚上睡不下18张大床，更不可能同时开十辆豪车；另一方面，普通民众买不起房，坐不起车。

由于通货膨胀相对削弱了人们的购买力，普通百姓的实际收入下降了。而造成通胀的原因是虚拟的需求被吹大，鼓励提前消费、借贷消费的模式，使98%的人口越来越依赖于2%的富人，因为富人掌握着整个社会的金融命脉，每一美元都来自于借贷的金融系统。因此，为了住上"自己"的房子、开着"自己"的汽车，甚至为了能把食物摆在餐桌上，98%的大众就不得不向他们借贷。

当不幸之人无法偿还债务时，金钱的来路便被富人给切断了，他们停止了借钱；随着破产的人越来越多，对市场上的商品和服务的需求开始下降；接着企业开始解雇员工，导致这些人无法偿还债务或把食物摆上餐桌，形成恶性循环。作为社会消费主体的老百姓，其购买力大幅下降，而剩余的产能富人们又消化不了，产出和需求就失衡了。一旦少数人的消费不足以支撑社会总产能的时候，经济危机就爆发了。

> 一旦少数人的消费不足以支撑社会总产能的时候，经济危机就爆发了。

如果社会财富不是那么集中在富人手里，情况便会完全不同。只要老百姓手中有足够的钱，购买力便会大大增加，经济才会可持续且繁荣发展。

最近有些专家分析，一旦美国开动印钞机印制美元，马上就要通货膨胀。其实，这一说法违背了最基本的经济常识。通胀是在充分就业，物质供不应求，总支出大于总产出时才会产生。就像在中华人民共和国成立前夕，战乱使得生产力大幅下降，货物供不应求，钱才会不值钱，而现在，全球失业率大大飙升，物质供给远大于求，哪来的通胀呢？

美国一万多亿美元次贷创造出了两万多亿美元次债，进而衍生出账面金额高达65万亿美元的衍生证券。泡沫破灭之后，虚拟财富大幅度缩水，发行一两万亿美元，只是为了疏通信贷，以免金融机构多米诺骨牌般地相继倒闭。两万亿和几十万亿虚拟财富的缩水相比较，简直是小巫见大巫，根本不在一个数量级。

美国的"两房"危机

2008年金融危机的起源就是美国的"两房"危机。房利美（Fannie Mae）和房地美（Freddie Mac，以下简称"两房"）哥俩轰然坠地，影响了美国经济的运行。

这两个家伙是谁？何至于把美国搅得天翻地覆？

"两房"实际上是由美国政府赞助的企业（Government Sponsored Enterprises）。"两房"主要来自政府的支持，与美国财政部组成信贷额度。这一点，得追溯到这两家公司的历史——"两房"成为私人拥有者之前，都是公共机构。

房利美是"联邦国民抵押贷款协会"的别称，它作为政府机构，创建于1938年，是美国大萧条后富兰克林·罗斯福总统的新政之一，目的在于提供流动资金给按揭市场，减少未来在经济危机时跳楼的人数。30年后，房利美几乎垄断了全美国第二按揭市场，1968年，为取消房利美在联邦年度预算资产负债表的详情，房利美被转化为私营公司。它不再是政府发行抵押贷款的担保人，原有的责任被转移到新的"政府国家抵押贷款协会"。

而房地美是"短期联邦住宅贷款抵押公司"的别称，其实是"房利美"的孪生兄弟。是美国政府为了不使房利美过于垄断市场，于1970年将其分割出来成为第"二房"。"两房"的总部均设在美国的心脏华盛顿特区附近。

其实，"两房"压根儿从一开始就是作为政府实体来经营的，当转化为私人拥有之后，还保留着政府支持的特质，以鼓励发展私人二手市场。

这两家公司并非直接把贷款借给购房人，而是拥有并担保了全美国一半以上的住房贷款。所谓"担保"，是指两家公司承诺：在房主还不出房屋按揭贷款时，由他们来及时支付利息和本金给房贷的发放者。只要购买了它们的担保保险的购房主，就不怕因为还不出贷款而跳楼了。另外，对于不买它们的担保保险的房贷，发放贷款的金融公司（包括银行以及各类金融机构）也会乐意支付这笔担保费用。这样使得购买的按揭债务有信用保证，不管借贷者是否偿还按揭，"两房"都保证会偿还所有按揭债务的利息，甚至本金。这真像"黑社会"收保护费一样。

这些年，他们财大气粗，更从发放房贷的金融公司那儿购买按揭合同。由于发放房贷的金融公司发放了大量的次级房贷，在高回报和预计房价不会下跌的情况下，"两房"一并大量买入。由于次贷的还款利息特别高，次贷的持有人要向发放房贷的金融公司交付高于普通房贷款2%以上的利息。而"两房"购买这类贷款合同时，可以赚得高于普通房贷1.5%以上的利息。

由于"两房"私有化之前的政府背景以及垄断地位，那些次级房贷经过他们的"精美包装"之后，进入了价值几万亿美元的债券，获得证券最高评级，几乎跟美国的国库券一样可靠，被评为AA级，似乎是固若金汤、只赚不赔的投资，并且回报更高，于是各国政府、共同基金、养老基金、保险公司及个人投资者自然趋之若鹜。这样，确保了巨资（也就是国内俗称的热钱）不断涌入。

巨资的涌入给了"两房"大量的"弹药"，于是"两房"将这些"弹药"再转手填入金融机构，金融机构就有更多的钱发放次级贷款。这样不断周而复始地循环，美国的房价便像气球般越吹越大，飚向天际。

所有这一切就像一场"Perfect Game"（精心设计的游戏），其假设只有一个，就是美国的房市只涨不跌。在这个前提之下，购房者获得还贷的资金保障，投资"两房"的人则获得源源不断的回报，"两房"自身也赚得满坑满谷，真是一派皆大欢喜。

遗憾的是，按照"墨菲定律"：越是不愿发生的事就越会发生。世上没有一棵树会永远朝上长。房子是商品，既然是商品，就必然会遵循经济规律供求关系的法则，房价就不可能只涨不跌。当有效需求不足时，美国房市的泡沫自然会破灭。还不起房贷的断供者越来越多，"两房"付出的担保

> 房子是商品，既然是商品，就必然会遵循经济规律供求关系的法则，房价就不可能只涨不跌。

金也越来越多，金融机构随之收紧贷款，可以放给"两房"的按揭合同也越来越少；"两房"的"水源"便越来越枯竭，而法拍屋的金额根本不值其控股的房贷按揭，恶性循环愈演愈烈，发展到不得不由美国政府出手接管。**房价下跌是导火线，次贷危机是火上浇油。**

金融危机的启示

中华文明博大精深，中文"危机"这两个方块字里，就孕育着深奥的哲理，有"危"就有"机"。假如我们能从历次的金融危机中吸取经验教训，这就可能正是投资者（而非投机者）的绝好时机。

这话听起来有些不易理解。因为金融危机已经被定性为百年不遇，市场和经济混乱不堪，理不出头绪，但事实上，正是在如此令人恐惧和不明朗的前景中，才充满了机会。

波士顿基金管理集团的创始人、多年来一向奉劝投资者谨慎行事的杰里米·格兰瑟姆（Jeremy Grantham）写道："过去20年是空前的，全球股市受到高估，尤其是美国股市。现在，终于，它们变便宜了，而且可能将变得更便宜。我相信，这可能带来一辈子只有一次的投资机会。"巴菲特当时也抄底股市，虽然他抄底过早被套牢，但我相信，这可能真是一辈子只有一次的最佳投资机会！

金融危机中，股票价格已被挤掉大多数水分，虽然很难保证快速反弹，但你今天的投资，很可能比你崩溃之前的投资获得更高的回报。

这次金融危机也让大家真正了解了什么是投资风险。那些在牛市中轻易赚到钱的人，很容易被一种虚假的安全感所迷惑，以为风险不过是说说而已，往往对任何股市泡沫破灭的预警置若罔闻。然而，我们之后所看到的风险都是真实的、灾难性的。

不过，人们往往很容易从一个极端走到另一个极端。绝大多数人从金融危机中得出结论：股票，以及其他各类金融资产，包括房地产，都太危险。好些人都说："过去一年的经验告诉我们，现金为王，最安全的投资是联邦保险公司保险的定期存款。"

我觉得，这话目前看来的确不错，不过这是一种过度反应。风险和投资形影相随，不存在绝对没有风险的投资。一旦没有了风险，也就根除了机会。关键在于，你要了解你能承担多少风险，并学会如何管理它。

新的投资者应该从金融危机中学会下面几个值得借鉴的教训，并且应用到现在或将来的投资决定中。那些有经验的投资者也应该将其考虑在内。

1. "简单" 比 "复杂" 好

危机前些年的金融投资回报简直太好了。即使网络泡沫破灭，还有接下来五年牛市的股票市场，更不用说振奋人心上涨的房地产市场。这很容易使人们假设可以完成这样的财务目标：只需最少的存款，便可靠着复利和杠杆的效果，达到最高的回报。

> 通过存钱可以获得一大优势：一旦市场受挫，我们会有更多的缓冲能力。

其实这是非常不健全的投资策略，但直到现在，我们才开始看清它的缺陷。事实上，根据几年前普特南的投资研究报告指出，存款是相当重要的，因为我们不能确定投资收益将会是多少，也很难凭想象去控制投资收益，但是存多少钱却是可以控制的。通过存钱可以获得一大优势：一旦市场受挫，我们会有更多的缓冲能力。

假如你在这次金融海啸前购买了股票，毫无疑问，你的账面上一定损失巨大，如果你借钱购买股票，特别是通过保证金账户做投机买卖，那就真惨了；如果你是用不影响生活的"闲钱"来投资的话还好，大不了"炒股炒成股东"，当情况稳定后，长远来看，优质股的价格还是会回来的。因此，**千万不要借钱去投资**。

如果能在投资者的词汇里禁用两个字的话，那就是"复杂"。很多投资者为了提高回报率，不惜使用"神秘复杂"的投资战略，购买那些根本看不懂的投资产品。事实上，越复杂的投资战略，就越容易出错，并且更难以监控和管理。一个简单的股票、债券和共同基金的组合，可能不是最华丽的战略，但是，如果运用普通常识将它们组合在一起，将成为长期有效的投资工具。

> 事实上，越复杂的投资战略，就越容易出错，并且更难以监控和管理。

2. 在上升期别盲目乐观

房地产泡沫最显著的特点，是人们感觉价格将不断上涨、上涨，永远上涨。在房市最狂热的那几年，我记得曾经常收到经纪人的电邮，推销曼哈顿的公寓，说曼哈顿公寓的价格将永远上升，你任何时候进去都能赚到钱。开始，我还回复他们的电邮，指出：据我所知，曼哈顿在20世纪80年代末期，也有房价下跌的纪录，但他们都异口同声道，这次不会了！这次不同了！

> 房地产泡沫最显著的特点，是人们感觉价格将不断上涨、上涨，永远上涨。

当经济和市场都向着良好的方向发展时，很容易让兴奋的云彩遮盖了正确的判断。毕竟，基金两位数的收益、报纸的商业栏目乐观的新闻、有线电视戏谑快活的金融节目，几乎使你不能不相信，美好的时光将继续朝前走。

你会重组股票投资的百分比，把更多的钱投资到热门的股票中，像下赌注似地投到新兴市场上，如中国的股市。其实也正从那时起，你开始承受了更大的风险。不过，当时你肯定不觉得这有什么风险：当市场欣欣向荣的时候，怎么可能产生投资风险呢？

3. 在衰退萧条期别沮丧

然而，当市场和经济开始崩溃时，这一过程开始逆转，你会到处看到两位数的损失，沮丧和悲观充斥着媒体。

你觉得，形势将每况愈下，很难再恢复了。于是，你抛售了股票，逃离市场，进入避风港——那些在繁荣时代被你嘲笑过的投资产品，像债券基金、货币市场基金、稳定价值基金，甚至定期存款。毫无疑问，你认为这是减少风险必需的。然而，**事情往往是：你可能在最坏的时候出售了股票，而错过了股票的反弹，市场的复苏。**

其实这些感觉和反应都是自然的，我们毕竟是凡人。我们一次又一次地经历了牛市和熊市。在熊市，恐慌已压倒贪婪，已经到了超出理性的地步。但有朝一日市场回稳，会为大反弹创造机会。即使在最可怕的20世纪的大萧条后，没过多少年，股市又最终都反弹了回来。

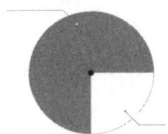

第五章

贪婪，金融的本性

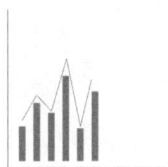

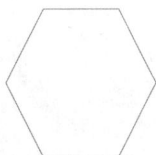

信贷消费的陷阱

"天下没有免费的午餐！"这是美国人常挂在嘴边的话。而这些年来，恰恰是美国民众忘记了这句话的精髓——得到的背后是巨大的付出。

40年前，典型的美国家庭只需一人外出工作，一人在家带孩子管家务，外带养一条狗，生活就可舒适无忧。而近40年来，这一家庭生活模式被打破，越来越多的另一半走出家庭，夫妇共同挣钱养家。那么家庭收入是否有所增加？生活是否更富裕、更美满？答案很清楚：没有。相反，一栋前庭后院的独立洋房，已使大多数美国家庭沦为债务的奴隶，生活如何幸福美满？

失业，使人到中年的中产阶层，正在走向破产之路。因此，"两人收入"的美国中产家庭，被逼到了刀刃上。而保持中产家庭的地位、并确保其子女有更好生活的唯一办法，就是提高就业率。缺乏就业和收入来源，中产阶层就只有两条途径来维持其生活水准：要么出售资产，要么借贷更多。不过，中产阶级决不肯轻易出售其资产。因为他们的资产是房子，总不能把高价位时买入的房子，在低价位时卖出去吧！但是中产家庭更不愿意再借贷，他们已经负债累累。那么，美国中产阶层的出路在何方？极其悲哀的是，作为美国中坚力量的中产阶层正在萎缩。他们疲于奔命，为那些无法偿还的债务生活在"Never Never Land（毫无价值的资产）"中。

尽管美国政府和鹦鹉学舌的媒体最初试图欺骗人们，似乎之前所发生的仅仅是一场"次贷危机"。但现实却清楚地告诉我们，美国所有形式的抵押贷款违约率，包括所谓的"优级贷款"，都将创下历史新高，房贷违约只会变得更糟糕。这进一步说明华尔街提倡的信贷消费模式"用明天的钱圆今天的梦"，是欺骗、掠夺民众财富的大陷阱。

几千年前的美索不达米亚、埃及和罗马，是历史上最著名的三大帝国，每一个都有其伟大的时刻。但是帝国的成本也是巨大的：包括葬送生命、损耗自然财富和扼杀人类的创造性。自负和暴力的统治者们发挥了帝国必然存在的戏剧性的冷酷：要么参与玩耍，不然就被玩耍；要么统治人，不然就被统治；要么去杀人，不然就被杀。这一切都来自于权势的威慑力。而最有利于威势发挥的，则莫过于残酷和野蛮。

> 当人们对金钱作为中介的依赖越来越严重时，那些握有权柄的人，就会越来越乐于创造金钱，并滥用这种权力来决定谁能得到金钱。

华尔街又何尝不具备帝国的特征？它不惜一切代价所推动的，是一种金融体系，但更是一种垄断的权力体系。当人们对金钱作为中介的依赖越来越严重时，那些握有权柄的人，就会越来越乐于创造金钱，并滥用这种权力来决定谁能得到金钱。可依靠这一体系创造的并不是社会财富，而是海市蜃楼，房地产泡沫就是最好的例证。

那些参与"缔造财富"的金融机构的权贵们，用金融资产搭建了一座债务金字塔，用光怪陆离的衍生证券，在杠杆的作用下，将"财富"魔术般地变了出来，然后以虚拟的超额利润收取超高额的管理费，制造出一个个完美的庞氏骗局——不断用后来之人的钱去填补前面的窟窿。当借款人开始拖欠债务或无法偿付贷款时，泡沫破灭，"财富消失"，债务金字塔瞬间崩溃。而站立在金字塔顶端"缔造财富"的魔术大师，早就把底层进场的财富装进腰包开溜了，留下一片残垣废墟（无法偿付的债务黑洞）。

华尔街提倡以钱生钱、提前消费、信贷消费的经济模式，是以不劳而获为诱饵，使广大民众放弃储蓄，去追求所谓的高利润——不惜举巨债投入房市和股市，最终掉进陷阱不能自拔，成为金融霸权的房奴、车奴和卡奴，甚至倾家荡产流落街头。这也解开了一个长期以来让人百思不得其解的疑问：华尔街何以立于不败之地，不断掠夺中国及世界各国的财富？**因为人性的贪婪和盲从，是培植它生根、发芽、开花和结果的土壤**！只有看清这一点，才可摆脱被奴役的命运。

美国的房奴是怎么造就的

"美国梦"曾经是全世界的楷模。所谓的美国梦，就是家家有住房，人人有车开。电视广告中的美国家庭，无一例外地前庭绿草如茵繁花似锦，后院游泳池遮阳伞大躺椅，宠物追着孩子满院转悠。多么诱人的一幅画面！华尔街从不吝惜利用媒体给人们描绘美国梦，图书《为什么房地产繁荣将永不萧条》（*Why the Real Estate Boom Will Not Bust*），蛊惑着千千万万的美国人举债，去追逐电视画面上的美国梦。

华尔街从不打无准备之仗。"赢在开战前"的《孙子兵法》，华尔街金融大鳄个个学到了家。他们敢于玩高风险的游戏，事前必定做足了市场调查。华尔街鼓动提前消费、信贷消费，最有利可图、最大的商品是什么？就是房子。

尽管美国金融体系极其复杂，但它的基本功能却很简单：将储户的存款借贷给其他人，银行从借款人那里收取贷款利息，除了支付给储户相应的利息之外，留下部分作为提供服务的手续费。因此，银行拥有贷款，直到借款人按时归还为止；除非发生不愉快的状况，譬如借款人违约，无法归还所欠的贷款，这时银行就有损失了。又因为美国政府为银行存款作了担保，监管机构便要求银行留下一定比例的现金——准备金资本，以防借款人违约。而监管机构还会监视银行以确保其谨慎贷款，一旦银行因坏账太多而倒闭，政府就倒霉了，必须代替银行还钱给储户。

> 虽然媒体和舆论的宣传煽起了人们购房的欲望，却还缺乏购房的条件，即必须具备另外三个基本点：低利率、宽松信贷和良好的就业前景，房市泡沫才可能被吹大。

虽然媒体和舆论的宣传煽起了人们购房的欲望，却还缺乏购房的条件，即必须具备另外三个基本点：低利率、宽松信贷和良好的就业前景，房市泡沫才可能被吹大。此三点缺一不可，不然，泡沫立刻被刺破，掠夺财富也就无从谈起。

事实上，房屋贷款的金字塔泡沫，是从1995年7月2日这天开始酝酿的。这一天，全美房屋市场30年的固定利率调至8%以下，浮动利率在6%以下。这年美国中位数的房价假设首付20%，按固定利率支付房贷，每个月只需

675美元。

而此时，美国的就业市场前景一片光明，比美国历史上任何时候都来得好，家庭年收入加倍增长，失业率从20世纪80年代的7.5%下降到1995的5.5%，到了20世纪90年代末，失业率更是降到了第二次世界大战后4%的最低点。

当时适逢克林顿政府执政，或许克林顿本身为一介平民，特别体谅底层百姓，又或许民主党的纲领就是顾及弱势群体，是出于对选票的考量，克林顿政府积极推动监管机构，促使贷款机构把过去不够资格申请房贷的低收入族裔，如非洲裔和西班牙裔，优先列入贷款范围。

那个时期，全球被美国的经济和工作机会所吸引，南亚、拉丁美洲和东欧的新移民，包括全世界合法、非法的移民，以每年50万的人数加入到美国的大熔炉。新来的家庭需要房子安家，因此，每四栋新屋就有一栋是为新移民建造的。面对如此强劲的需求，新屋的开工量大大地增加。

华尔街意识到房屋市场热起来了。

2003年7月4日是美国国庆节。这一天房贷固定利率接近5%，浮动率下降到4%；就业市场经过"9·11事件"，又重新好起来；而此时美国入侵伊拉克的战争似乎胜券在握。美联储降低联邦基金率到1%，这是美联储直接控制的利率，这么低的利率是第二次世界大战以来从未见过的。不久，各国央行全都紧跟其后开始降息。

如此大好的市场前景，房屋价格连续八年升温，丝毫都不影响放款银行和房贷机构看好房市，美国民众的购房力依然非常强劲。**所有人都存着这样一种假设：既然房价在过去几年一直朝上涨，将来也依旧会上涨，他们就坚**

信房地产永远不会往下跌。事实上，世人都存有这种心态。

但众所周知，股票的基本价值是从企业未来的盈利中获得，住房的基本价值是源于未来住房或租金的收入。当一种资产的价格脱离了基本的价值，泡沫就形成了。如果说前八年的房市热是由供求关系生成的，诸如稳定的家庭收入、丰厚的储蓄和购买能力，那么当房市泡沫被吹起来的时候，购房就不是为了简单地居住，而是视买房为盈利丰厚的投资工具，因为房价在上涨，而且还会不断地朝上涨。这是投机心态。在美联储不断降低利率、房价日日朝上涨、买卖房屋盈利巨大的背景下，投机客进场了，泡沫渐渐地越吹越大。

电视广告的大力宣传，好莱坞电影、小说对房子的着力渲染，使绝大多数美国人，无论富人、中产阶级还是低收入人群，都以房子的大小和质量来衡量家庭财务状况的好和坏。一幢独立的大洋房，无疑是一个家庭的最大资产，跟随其后的房屋贷款，也就理所当然地成了美国家庭的最大债务。

房利美和房地美这两个政府经纪机构，致力于确保每一个家庭都能拥有自住房，因为自20世纪大萧条起，美国的经济政策便以此目标来制定。譬如支付房贷的利息和土地税，都可以从个人年底的收入中抵税，这导致美国财政收入每年减少1500万美元。另外，美国人一生中还享有一次大好机会：卖房利润不超过25万美元（结婚夫妇50万）完全可以免税，不利用这个机会绝对是大傻瓜。政府鼓励买房的政策，促使第二次世界大战前到2005年，美国的房屋拥有率上升了25%。

购买房屋还有一大好处：当房子增值的时候，如果手头缺钱，抵押资产净值（房屋市值减去房贷的价值），可以为房主带来丰厚的现金回报。人们可以用抵押资产净值来购买第二套房子（照样可以享受抵税的优惠）、汽车、游艇、奢侈品……据统计，最高峰时，房主的平均抵押资产净值可达11万美元。买房可谓一本万利，房奴就这样炼成了。

人性雷同。不管是北美人还是中国人，普遍觉得拥有自己的房产是成功的象征，因此，中国也出现了大批房奴。中国的房奴是怎样形成的呢？20世纪90年代初，当商品房刚刚兴起时，杭州一套70平方米的公寓大约只需12万人民币，房子竟然滞销。不难想象，中国百姓长期以来秉承着传统观念，赚十分起码存七分，视寅吃卯粮为败家子。即便当时房价不算贵，可是借钱置产业，毕竟不够光彩。

于是，在中国大地上出现了一个诱人的故事：

> 某一天，美国老太和中国老太在天堂相遇，她们互相询问起人间的生活，美国老太自诩以借贷的方式，住着大房子开着大汽车，在人间潇洒地走了一回；中国老太听了之后，悔恨自己一辈子节衣缩食，临死前才刚刚存够买房的钱，还没享受一天就进了天堂，简直冤死了。

美国老太的消费方式，令中国民众羡慕不已。几千年来，中国百姓节俭过日子，日常生活就围绕一个字——省，从不花费不属于自己的钱。现在"美国老太"的榜样放在眼前，一样的人生，不一样的生活，如果可以选择，为什么不呢？人们无法抑制地向往美国老太的享受。于是，"用明天的钱圆今天的梦"这一诱人的口号，在恰当的时候，堂而皇之且响亮地呼喊起来，颇为迎合民众的口味，完全颠覆了中国人"量入为出"的古老传统。这个笼头一放，一发不可收拾。回头再看杭州的房价，一套70平方米的公寓，按当时普通民众的收入水平，相当于普通家庭平均三年的收入。也就是说，一般家庭省吃俭用五六年的话，不必借钱就能买。但"美国老太"的消费方式一出台，人们连五六年都不愿等了，从谨慎观望，到盲目跟从一哄而上，好像要豁出去了。这些豁出去的人没有想过，金融机构又不是慈善家，"用明天的钱"是要付利息的，借得越多，还得越多，说不定要子子孙孙来偿还。

而与此同时，华尔街以高盛为首的投行，包括摩根士丹利、雷曼和美林证券，以及花旗、麦格理和凯雷等金融机构，都争先恐后进驻中国房地产，他们不是在低价位吃进地皮，就是投机住宅和商业写字楼。金融大鳄进驻了中国，中国房市还会寂寞吗？不兴风作浪翻腾个痛快才怪。随着华尔街等外国金融机构进驻了中国房市，炒房的浪潮一浪高过一浪，于是，美国房市的泡沫，也在中国大地出现了。

金融市场的食人鱼

华尔街利用人性的贪婪和盲从，独创了信贷消费、提前消费的模式。年景好的时候，银行以降低利息为诱饵，诱使人们贷款购房，享受"美国老太"式的生活，但无疑也给购房者埋下一颗定时炸弹。等房市火了，泡沫被吹大时，进场的人越来越多，形成金字塔，银行立刻调高利率。这时，房屋就是"人质"，五年、十年银行利率一调高，便逼迫你降低生活标准，偿还加息增加的欠款，房市泡沫被刺破。一旦人们"中头彩"丢了工作，还不出按揭，银行就可以上门光明正大地夺走你的财产，因为错在你，谁叫你欠钱不还？他们夺得名正言顺。按华尔街胜者为王败者为寇的模式，金字塔顶端的总是王，最底层的大众只能败者为寇。

"金钱没有祖国，金融家不知何为爱国，他们唯一的目的就是获利。"用拿破仑这句名言来形容华尔街，是再贴切不过了。他们国内外大小通吃，掠夺完美国民众的财富之后，掉转头再来抢夺中国百姓，就像食人鱼，从来不嘴软。

> 房屋就是"人质"，五年、十年银行利率一调高，便逼迫你降低生活标准，偿还加息增加的欠款，房市泡沫被刺破。

2003年的美国，相对于十年期债券的回报低于3.5%，创了历史新低；投资长期债券也不理想；企业债券和房屋抵押债券虽有较高的回报率，但个人直接拥有不易，所以近半的美国人不买任何股票；而房价每年只涨不跌，他们坚信拥有房子比拥有股票更有利可图。

在疯狂的年月，每个人都能从贷款机构拿到房贷，即使信贷记录略有瑕疵也无碍，因此房市投机行为猖獗。比如在加利福尼亚和佛罗里达、东海岸和西面的山区，一套20万美元的公寓，首付一万或者零首付，三个月后售出22.5万美元，扣去5000美元的各种费用支出，三个月转转手就落袋两万美元。这是多少利润？是400%的利润！

马克思说过，当利润达到300%的时候，人们就敢犯任何罪行，甚至冒绞首的危险。逐利是资本的本性，面对高于300%的利润，投机客没有理由不进场。

各大银行和房贷机构也都争相抢夺这一市场，他们把购房贷款申请人分为两个等级：对信用度高，有固定收入的群体，银行提供低息贷款，并锁定利率，享受优惠级贷款；而信用度低，偿还能力差的，也就是穷人，此时也能从银行贷到款，但利率就高出低息贷款两到三个百分点，并且不能锁定，必须随着市场利率的上扬而上升，属于次级贷款。所以这似乎是一笔两全其美、皆大欢喜的买卖。

超低利率、无需担保、无需首付，房价一路高升，这样的形势下不买房子绝对是白痴。不但穷人买了第一套房，连有房子住的富人也开始投机第二套、第三套房子。进入房市的人越来越多，金字塔的底盘也越做越大。

在商品社会里，房地产是最大、最有利可图的商品。既然房子是商品，就一定符合商品的价值规律。那我们应该怎样评估一个地区的房价是否合理，是否存在泡沫，从而尽量控制房价，避免由于房价下跌而引发经济衰退呢？任何资产的价值，无论是股票还是房子，都是根据众多购买者对未来回报的预测而定的，谁又能说那些购买者的预测是错误的呢？

> 如果在很长的时间内，房价上涨的速度超过租金，租赁对许多人来说就是便宜的选择，这样一对比，房价显然就被高估了，而租金是真正体现供求关系的。

的确，在房市景气的年月里，我们听说了无数个房屋翻倍暴涨的幸运故事。但是"房价不会永远朝上涨"，单从理财的角度看，很多时候买房并不优于租房。拥有房产的成本，是与出售房子的价格紧密相连的。如果在很长的时间内，房价上涨的速度超过租金，租赁对许多人来说就是便宜的选择，这样一对比，房价显然就被高估了，而租金是真正体现供求关系的。

为什么这样说呢？因为在当今信贷的消费模式中，无论是中介公司管理房屋，还是由房东自己打理出租房屋，房客绝不能以信贷方式来支付房租。假如房租开得过高，房客经过衡量自身的经济状况（房东也会调查潜在租客的经济背景），就不可能向房东承租房子。所以，**房价与租金之比是古老的测试房价是否有泡沫的方法，一般10～15之间属于合理范围；其次是房价和收入之比，也就是当地的平均房价和当地居民的平均家庭年收入之比，一般3～5之间属于合理范围，超过6就属于离谱了。**写到这儿，我们来看看中国的房地产是否有泡沫。

1997年我第一次回国探亲，感受到国内最大的变化就是商品房多起来了，老百姓可以拥有自己的住房了。那时上海有几栋香港开发商建造的高层公寓，大约100万元人民币一套，每年租金10万左右，10年租金便可以买一套公寓。这样的价格无论是买还是租，对于当时国内的普通百姓来说，都是"天文数字"。

没想到，这些年国内的房价像火箭般飞涨，当年上海的豪华公寓楼，相同的地段到了2019年，房价涨到800万，甚至上千万。而一套上千万的"总统单位"，三房两厅两卫家具电器齐全，如果按十年前的行情，租金也该同步增长，上百万一年也是合理的。令我吃惊的是，这里月租金居然只有9800元，长期租住还可以打折！房市是否有泡沫，我不说你们也该算出来了。想想看，千万级的豪宅，租金一年12万不到，即使存银行吃利息，每年至少20

万，足够支付租金了。

大家心里都明白，房市泡沫吹得越大，低位进去的投机客抛售后所得的利润也越大。可谁能抄到底，谁能保证在最高点抛售呢？请放心，低进高出的，绝不可能是广大盲从的普通百姓。普通百姓往往是看着人家捞钱，等自己一脚踏进去，不输个体无完肤就算是客气的。

中国各大城市在2009年房价开始飙升。为什么？"多亏"了美国的金融海啸。因为金融海啸，美国的需求减少，而美国是中国商品的最大进口国，中国拿不到订单了；出于无奈，中国政府只得大量放贷房地产，把原本打算调整房价的政策收回去，期望依靠房地产来弥补出口的损失；也正因为金融海啸，中国风景这边独好，大量热钱撤出美国和其他受灾国家，全都涌进中国。这下好了，中国百姓买一套房子，需要祖孙三代的积蓄。有一则新闻说，南京有个年轻人，为了买房，不但要父母拿出所有存款，还逼着爷爷奶奶外公外婆掏空所有的养老金，说是没有自住房就不能结婚，不结婚就要断子绝孙，真是可叹、可悲！而现在，这样的情况更是越来越普遍。

百姓购房难的故事充分说明了一点：舆论——特别是欧美著名"专家""学者"的意见，无论在美国还是中国——在相当程度上对房价的飙升都起到了推波助澜的作用。但房价飙升最关键的因素，可以说是华尔街移山大法的"神奇"力量。

美国曾发表了一组震撼人心的数据，大约有1/4的美国房主"Under Water"，即他们欠银行的房贷比房屋净值要高，也就是说，房产降价了，卖掉房产的钱还不够还银行的房贷。

读到这些数据后，千万别以为美国离我们很遥远，因为华尔街大投行、金融大鳄和国际炒家利用资产泡沫这一暗器，像当初吹大南美洲、日本和美国房市泡沫那样，也兴风作浪，吹大了中国的房地产泡沫。因此，美国百姓的今天，很可能就是中国百姓的明天。这里有证为凭。

> 华尔街大投行、金融大鳄和国际炒家利用资产泡沫这一暗器，像当初吹大南美洲、日本和美国房市泡沫那样，也兴风作浪，吹大了中国的房地产泡沫。

由于中国经济繁荣，这头"肥羊"太诱人，华尔街的"幸存者"摩根士丹利在美国本土损失惨重，可是在中国的业务却硕果累累。其实早在20世纪90年代初期，摩根士丹利就针对亚洲市场建立了两只房地产信托投资基金——MSREF III International 和 MSREF IV International，其中50%的基金全都进军中国，特别是上海和广州那样的大都市，由海外的"中国买办"充当铺路石，在以GDP增长作为主要考核政绩的状况下，依靠当地的地产公司做平台，取得联合开发项目的权力，随后再将中方公司的股权买过来，控股之后操纵房产的定价运作。摩根士丹利已在中国拥有"融资—开发—招商—运营"这一产业链龙头。

由于中国百姓对房子情有独钟，无房的家庭想买房，而已经拥有房子的还想拥有更多，中国房产的炒作空间极大，房价上涨的趋势几乎势不可挡。面对如此疯狂的房屋市场，摩根士丹利曾在全球募集了42亿美元的 MSREF V房产基金（请记住，他们是募集，并不是用自己口袋里的钱投机，赚了他们拿钱，亏了呢，反正是别人口袋里的钱，他们照样赚，因为他们的"奖金"早已作为公司营运成本扣留在一边，这才叫玩得转，已经玩到赌徒的最高境界，稳赚不赔），将多达50%的资金又投入中国房市。在他们的哄抬下，大量的资金，包括央企也争先恐后涌入房市，造成各地"地王"频现，同时，摩根士丹利在中国的各个板块业务越做越大。

中国的房产泡沫就是被华尔街炒作出来的，他们利用一切可以利用的工具，忽而唱衰、忽而捧杀中国房市，其目的就是一个——获利。唱衰就是"进"的信号，捧杀已经是捞足一票之后要"撤"了。泡沫越大，他们搜刮到的中国资产就越丰厚。

目前，无论用哪一种普遍公认的测试房产泡沫的方法，如房价与租金比，或者房价与收入比，都明明白白地显示中国房市有泡沫，而且巨大。在美国，即使在次贷危机爆发之前、房价处于最高位时，租售比也只是刚超过200倍而已，比之上海、北京的500～800倍以及高档公寓和别墅的上千倍来说，简直不值一提。

泡沫如此巨大，华尔街等金融机构却利用各种舆论，声称中国房市没有泡沫，竭力唱多中国房地产，目的很清楚：他们捞足一票之后要出逃了，不制造无泡沫的舆论，谁来接他们的盘？又怎么逃呢？这是华尔街惯用的伎俩。

就拿华尔街另一"幸存者"高盛来说，高盛是最早挺进中国的华尔街投行之一，同样在中国房市赚得钵满盆溢，然后顺利出逃。2007年4月，高盛以1.9亿美元（约合当时16亿人民币）收购了位于虹桥的"上海花园广场"，总建筑面积为9.78万平方米，包括用于租赁的53栋别墅，以及九幢酒店式公寓。而2010年新年刚过，高盛就以平均交易价2.5万人民币一平方米，将"上海花园广场"易手给中资企业，成交价格高达24.45亿元。高盛

> 目前，无论用哪一种普遍公认的测试房产泡沫的方法，如房价与租金比，或者房价与收入比，都明明白白地显示中国房市有泡沫，而且巨大。

接手"上海花园广场"三年都不到，即使忽略其三年的租金收益不计（将人民币升值的因素考虑在内，再兑换成美元来计算），高盛的账面收益都达到100%了。

而在此之前，位于上海黄金地段的福州路"高腾大厦"，是高盛于2005年从新加坡凯德置地手中购得的。当时的收购价为1.076亿美元，创收购金额的最高纪录。高盛持有"高腾大厦"两年之后，以1.5亿美元易手，获取接近40%的"升值"回报。

大家看见了，楼市越炒作，回报越高。2005年高盛的投机"升值"接近40%，但两年后的2007年，竟炒高至100%的回报率。之后摩根大通、花旗、麦格理和凯雷等公司相继将中国的住宅及办公楼物业陆续抛售，他们集体出逃，账面获利至少一倍或更多，接盘的又几乎全是中资企业。这些华尔街"食人鱼"，在金字塔的顶端搭好底盘，劫掠过后立刻撤走，就等着泡沫被刺破。冤就冤在最后接盘的中资企业，以及最后接棒的"傻瓜"——中国普通百姓。而避免被盘剥的唯一方法，就是远离他们，不听他们的忽悠。想跟他们玩儿又不赔，除非你玩儿得比他们更厉害，不接他们的盘，让他们的资金全都烂在中国，难道他们能把高楼从中国搬走不成？

想当初，日资雄心勃勃横扫美国，抢购了曼哈顿的地标洛克菲勒中心，到头来怎样？美国房市泡沫被金融霸权一刺破，日资来不及逃跑，全烂在美国。有史为鉴，是泡沫终归要破的，房地产泡沫也是如此。通常情况下，泡沫从哪儿吹起的，最终就该回落到哪儿。

我们真的只能任人宰割吗?

无论房市走高走低,都有其周期,每当市场进入疲软期,贷款买房的成本就可能超过租房。必须以连续十年每年增值5%的实力,买房才能比租房省下更多的钱。说穿了,房子实质上是一种奢侈昂贵的消费品,有

必须以连续十年每年增值5%的实力,买房才能比租房省下更多的钱。

能力就买来住,不然就租来住,何必非得踏入炒房的浪潮中去?像南京那位小伙子,强硬逼迫要挟老一辈陪他一起做房奴,成为这样的房奴的家庭,还有什么幸福可言?

如果说买房是为了投资,从长期来看,房价仅仅和通货膨胀呈正相关,不会随着经济增长和股票收益一齐上涨。美国大萧条时,房价从1925年到1933年下降了26%。1925年是房价上升的第一高峰期,距离1930年衰退还有5年,直至1930年到1933年经济大崩溃,房价才加速向下。那时,还仅仅是极其恶劣的经济和通货紧缩的价格趋势,不像今天,通货紧缩加上房地产大泡沫,令房价极其被高估。1997年20万美元的房子,到2006年竟高达45万美元,平均房价上涨了125%,即使去掉通货膨胀的因素,也几乎翻了一倍了。

还有一个概念必须理清楚。**都说投资地产能够抵御通货膨胀,那是指投资土地,不是房子。正常情况下,只有土地才会随着通胀率升值。**然而

在中国，个人是不能拥有土地的，即使买了房子，最多只拥有70年的住房使用权而已。普遍公认的所谓"我"的房子涨了100%，事实上增值的并不是房子，而是房子底下的土地。不信你试试看，当国家急需征用你房子底下的土地时，会不会按土地的市值价格来结算。国家赔偿的房屋拆迁费，能不按房子的折旧来计算，就已经够宽容的了。一旦失去对土地的拥有，房子本身就是一堆水泥钢筋之类的建筑材料，就像购买汽车，钥匙一到手便立刻折旧。

举一个具体的例子。上海一套市值300万的公寓，租金约一年5万元。如果买下来住50年，每年合计就要6万元，已经超过了租金（在这儿假设房租的涨价和买下须交付的管理费持平，均忽略不计）；其次，假设你有600万，即使做最保守的投资存入银行，定期的利息收入支付房租足够有余；第三，如果还需要向银行贷款才能买房，那么20～30年的房贷利息支付之后，可能要再多付300万，等于这辈子你都在为银行打工；其实真正重要的是第四点，从投资的角度来看，既然在中国个人不能拥有土地，而且购房最多只有70年的住房使用权。所以，对中国人来说，不管是买房还是租房，区别只在租用的长短而已，谁都不是房子真正的主人。

住房是当前国内百姓最热、最切身的话题，因为房价"吞噬"了国内普通百姓一辈子甚至几辈子的财富积累。就像上面的例子，等到300万的房子全部供完，实际的花费至少是600万。再说国内新房的设计寿命一般都定在30～50年，也就是说，最长50年后，房子就将变成一堆废墟。因此，那套不曾拥有土地、花600万购买

> 那套不曾拥有土地、花600万购买的房子，实际上就是比钻石更奢侈、比汽车更不保值的消费品而已。

的房子，实际上就是比钻石更奢侈、比汽车更不保值的消费品而已。为何一定要这么痛苦地拥有自住房，租房住又有何不妥？

曼哈顿是纽约市金融、商业的中心地，是当今世界最繁华的岛之一。在曼哈顿，有90%的居民都是租房而住，即使是年薪百万的华尔街银行家也不例外。因为曼哈顿的房价高得人们只能"望房兴叹"，一套公寓售价百万美元是平常事，而曼哈顿高达3%的地产税还意味着这套公寓每年的地产税就达到3万美元。除此之外，还有管理费用与其它杂费，统统价格不菲。而宋美龄女士当年居住的的那套价值七八千万美元的Pent-house，每年的地产税更是高达200万美元，即使将房子白送人，也付不起每年的地产税。这也是某些富商巨贾选择捐出自己的房产，而不是卖掉、送人的原因——地产税年年上涨，连富商的年均收入都无法维持房产的开销，还有谁能供养得起这些房产？

20世纪初，纽约市区人口大约800万，现在是850多万，真可谓"铁打的营盘流水的兵"，每年不断有新移民进入，同时也有相当大的人群离开。曼哈顿的活力就在于人口的不断流动。最近，哈佛大学的一项研究结果指出，要维持一个地区的活力，租房和买房的比例1∶1的时候最佳。年轻人，特别是单身人士和无孩子的夫妇都适合租房，只有孩子多的家庭才适合买房。住房拥有率太高的地区，其发展速度往往会下降。

> 住房拥有率太高的地区，其发展速度往往会下降。

从宏观上分析，中国高企的房价直接影响了中国的经济发展，这是代表金融霸权的华尔街所喜闻乐见的结果。因为中国高速发展的40年，恰恰是美国依赖中国低廉劳动力、充分享受的40年。当强大的中国要与金融霸权争能源、争利润的时候，围攻堵截便开始了。

这些年来，中国的经济支柱主要分为三大块：房地产、消费和出口。先来谈谈房地产。现在中国一线城市的地价都拍出了天价，华尔街投行、中国企业，尤其是国有企业，手中集聚的资金也流入了房市，使中国流动性风险升高。如果政府不控制土地价格，等哪天土地价格占到整个国家财富的百分之五六十，乃至七十以上时，无论是国家的市政建设还是住宅建设，或是企业扩大再生产，成本都太高。那时谁还愿意发展生产？干脆用投机土地赚来的大把钱，靠进口度日。而依赖进口的结果就可能像几百年前的西班牙，使国家整体经济衰退、恶化。

据财新CEIC数据显示，截至2018年6月，全国商品房空置面积达2.74亿平方米。商品空置房这么多，资金占用那么大，可推土机却还在继续往地下钻，因为利润高，谁都不想放弃这一市场。像北京、上海和杭州这些大城市，一套房子动不动就是四五百万元，相比普通百姓的收入，房价可谓高得离谱。那些已经支付了高房价的白领、金领，白天开着豪华的轿车去坐办公楼，晚上再开着车去摆地摊，挣微薄的钱养房子，牺牲了宝贵的体力、精力及生活幸福感。这进一步说明，购房欲望是要靠收入来支撑的。

目前，就算中国的房价下降60%～70%，与当地百姓也毫不相干，他们照样买不起房。再加上教育和医疗费用这两大支出，买房就更成奢望了。这就预示着如果空置房销售不出去，中国的房产投资势必大幅减少。但由于金融海啸，银行降低利率、放松信贷，一旦百姓无力归还房贷时，金融机构的坏资产就将堆积如山，美国的今天很可能就是中国的明天。这里牵扯到一个专用术语——道德风险（Moral hazard），它是造成无止境的金融危机的根源之一。

"道德风险"一词原先是用在保险业的。房主购买了房子后，同时也向保险公司购买火灾保险，假如哪一天房子发生灾难性火灾，可以向保险公司索取房屋的全额赔偿。值得注意的是，如果发生火灾时条件发生了变化，所保险的房子已经低于市场价格，也就是说房子跌价了，而保险公司却要支付比房价高的保险赔偿，就产生了道德风险。这一术语后来被广泛地使用在各个领域。目前银行放贷也产生了道德风险。

大家对莎士比亚的剧作《威尼斯商人》并不陌生。15世纪的威尼斯有一位正直的商人安东尼奥，与高利贷犹太商人夏洛克对立。某日，安东尼奥为了成全好友的婚事向夏洛克借债。由于安东尼奥借钱给人从不收取利息，这就挡住了夏洛克的财路。为了报复，夏洛克也佯装不收利息，但若逾期不还，要割下安东尼奥身上一磅肉，目的是置安东尼奥于死地。不巧安东尼奥的商船失事，资金周转不灵，无力偿还贷款，被夏洛克告上法庭。当然，在莎翁的笔下，夏洛克的阴谋失败了，最后搬起石头砸了自己的脚，因此而失去全部的财产。

尽管莎翁憎恨高利贷商人，但放贷要有抵押物，却是历来如此，并受法律保护。放债人通常会给借款人设置用款的限制，借款人有时也不得不将自己大量的金钱用于同一种用途，为的是给放债人一个很好的理由——避免亏损。但有时放债人似乎忘记了这些借贷原则，借出大量的资金（比如次贷）。这些放债规则遭破坏的重要原因，就是道德风险的游戏在作怪：现在是纳税人，而不是银行在担负放贷亏损。

由于全球学美国提倡信贷消费模式，银行放松信贷，特别是对个人购房的宽松信贷，严重扭曲了房屋的供求关系，使房价泡沫不断增大，等大到一定的高度时，泡沫破灭，殃及实体经济，政府必然出手相救；为了刺激经济重新反弹，银行不得不降低利率，目前美国的低利率救市政策，促使投机者从银行借入美元，投到回报率更高和更快的国家或地区，如中国、中国香港、巴西和印度等新兴市场，使得那些国家的股市、房市等资产泡沫膨胀，等泡沫破灭之后再次陷入危机，世界经济便进入无限的死循环（Infinitive loop）之中。可以这样说，只要信贷消费模式继续存在，房价跌势就不会有底部，只会是一次紧跟一次的金融危机，但受害的却永远是金字塔底部的普通大众。

更可怕的是，中国富有了，手上握有大把的钱，通常都说"有钱就是爷"，这话说得没错，有钱什么东西买不到？掌握主动权的就应该是手上既有钱，又有需求的购买方。但是，在国际大宗商品市场的舞台上，发展房地产所需要的钢铁的定价权却牢牢地操控在华尔街手上，如果甘愿被人盘剥，那也无话可说。而最严峻的考验是过度发展房地产，将侵占大量的可耕地，这正好又撞在金融霸权的枪口上。

中国自改革开放以来，经济保持着高速的增长，成就是非常傲人的。但高速增长的数字背面，是以占用大量耕地为代价的。据统计数字显示，截至2017年末，全国耕地面积为13486.32万公顷。我们必须清醒地认识到，中国仅仅占有7%的世界耕地，却要养活22%的世界人口，人均耕地仅占0.106公顷，占世界人均总数的43%。粮食安全是经济社会可持续发展的重要基石。什么叫"江山社稷"？"社"可以理解为土，"稷"可以理解为谷，也就是说，有土地能种谷，才能形成种群、族群，进而形成统一的国家。中国历来的社会大动荡、民族大灾难，根源不外乎两条：一是土地集中于豪门，使种谷者享用不到谷子；再就是战乱或灾荒，使所有人都得不到谷子。而"太平盛世"就是能让种谷者休养生息，安居乐业。只有正确处理"社"与"稷"的关系，才能做到保民、保境、保安宁、保民族繁衍保国家昌盛。

如果现在不正视这一问题，到了若干年后的将来，中国粮食就有可能依赖进口，而粮食的定价权也不在中国手里，因为粮食是大宗商品，其定价权掌控在华尔街手里。如果中国过度发展房地产业，过度占用稀少的耕地，到那时中国的房市泡沫将比美国更大，众多像高盛、摩根士丹利那样的金融机构劫掠一票之后全身而退，而炒高的房价将把最后进场的中国百姓压在塔底，买一栋房透支三代人的积蓄，粮食又要依赖进口，又将被这群狼再撕咬一番，中国改革开放的成果就将被榨干，那真是丢了西瓜捡芝麻。

中国该怎么办？我认为有以下几点：第一，依据国内大城市房价高居不下的状况，完全可以借鉴纽约曼哈顿的经验，征收高房地产税来贴补租房者，限制租金增长每年不能超过通胀率；第二，可以学习新加坡，由政府建造经济适用房，改善经济特困家庭；第三，坚决抑制投机房市攫取暴利，使房价软着陆；第四，引导地方政府不过度依赖GDP推动经济增长的模式。同时，影视节目应避免推崇豪华住宅，媒体应多多宣传西方国际大都市住房的真实状况，当国人了解到在海外就是百万富翁也和他们一样租房而居时，心里大概会释然：一辈子租房又何妨？拥有房子，并不是衡量幸福的唯一标准！

由于房屋是普通百姓购买的最大宗商品，绝大多数家庭不向银行贷款就买不了房子，于是通过放松信贷，房地产市场成了金融霸权捞钱的最佳平台。也正是因为这一信贷消费模式严重扭曲了供求关系（只要有购房意愿，就能贷到房款），房价被越炒越高，泡沫不断变大。或许人们注意到了一个有趣的现象，就是房价飞涨的地区，房租并不随之上涨，有时甚至

> 因为房租不能靠借贷，非得现金支付，因此房租所反映的，才是百姓对房子这一商品的真正承受力，是真正的供求关系。

下跌。这是因为房租不能靠借贷，非得现金支付，因此房租所反映的，才是百姓对房子这一商品的真正承受力，是真正的供求关系。比如前面提到的杭州房价，原本12万一套的公寓，十几年一过，变成了90万。但每月的房租十几年前是600元，比通胀的比例还低，等于十几年来不涨反跌。

就是这种放松信贷的消费模式，表面上给百姓带来了提前拥有房子的实惠，但实际上百姓反而花了更多冤枉钱。因为房价越高，从银行贷款的数目就越大，利息还得更多，而一旦等你还不出房贷，银行索性将房产一并收掉，一夜之间便流落街头。由此证明，房地产市场是金融霸权捞钱的最佳平台，泡沫越大，他们捞得越多，这就是华尔街开创的现代炼金术。让我们在下一章，深入详尽地进行分析。

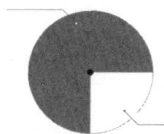

第六章

当金融成为现代炼金术

证券衍生化：华尔街的移山大法

当今主宰世界的金融体系，说到底是华尔街的金融体系。而不受管制的自由市场，使金融霸权下的华尔街得以独霸世界资源，他们制造金融诈骗，给金融流氓和投机分子从政府、大众和世界范围内滥用垄断权力进行投机的机会，开创了一个不平等分配社会财富的机制——以最大限度提高股东权益为合法的幌子，疯狂劫掠世界财富。银行证券化是完成劫掠财富的手段之一，而金融衍生产品的发明，则达到了证券化的极致，变成了现代炼金术。

> 银行证券化是完成劫掠财富的手段之一，而金融衍生产品的发明，则达到了证券化的极致，变成了现代炼金术。

在原先的资本市场中，信贷的基石是信任，一方必须信任另一方将履行承诺。比如放贷方必须信任借贷方有能力归还贷款，投资人必须相信他们能看得见投资回报。货币市场对信任的依赖是超强的，因为货币市场短期的交易量颇为巨大，一旦失去信任，货币市场便立刻陷入崩溃。

比如2007年的次贷危机，次贷金额仅1.3万亿美元，数额并不大，但问题出在次贷的证券化，先是"化"成了2万亿美元的次债，随即再衍生出信贷掉期合约（Credit Default Swap，简称CDS），最后，尚未结清的信贷掉期合约高达55万亿美元，这就是个庞大惊人的数字了。而国际清算银行的报告指出，截止到2008年6月，其他各种用类似方式衍生出来、尚未结算的场外衍生产品，其价值总额为648万亿美元。这是什么概念呢，这相当于2008年全球78.36万亿GDP的8.27倍！全世界人均10多万美元，兑换成人民币的话，几乎人人都将是百万富翁。世界财富真有这么多？

自20世纪大萧条以来，美国经历过一系列的金融危机，有宾夕法尼亚银行1982年大崩溃，20世纪80年代末的储贷危机，长期资本管理对冲基金1998年大崩溃，还有千禧年的网络泡沫，哪一次的危机都无法和次贷危机相比较。比如1998年，震惊全球的长期资本管理对冲基金崩溃，造成46亿美元的损失；20世纪90年代日本银行面临危机，致使日本经济至今尚未全面恢复，总共也只损失了7500亿美元。

然而，次贷危机的震撼力却是空前的，它导致金融系统的每一个角落都剧烈地震动。私人住宅抵押贷款证券、商业抵押贷款证券以及由资产作抵押的抵押债务证券都停止了交易，连各个州和地方政府为建造学校或公共建设筹资所发行的免税债券，也都卷入了风暴的漩涡，遭到市场的影响。不仅房屋抵押证券面临灾难，全球货币市场也迅速遭遇了同样的灾难。

美国以及欧洲央行建立了一套结构性的投资工具（Structured Investment Vehicles，简称SIV）。SIV的设立是以投资广泛的资产，包括抵押贷款证券和通过出售短期商业票据来筹集资金。在低利率主导市场时期，SIV能够极简单便宜地发行短期商业票据，然后用筹得的款项去购买长期住房抵押贷款证券。但次贷危机一来，货币市场基金和投资人对于SIV发行的商业票据失去了信心，SIV顿时被开除出局。

而华尔街将证券衍生化不断地向全球推广，其结果就是全球的财富被神不知鬼不觉地转移到华尔街。证券衍生化真可谓华尔街独创的"移山大法"！狼群总是跟着肥羊走，目前全球最肥的羊就是中国。证券化已然对中国构成了严重的威胁，掉进证券化陷阱的中国财富已是天文数字。只有认识、剖析了证券衍生化的实质，中国才能更好地守卫财富，避免血汗财富被豺狼劫掠。

证券化、衍生化是如何形成的

20世纪七八十年代，由于通货膨胀和高利率，美国银行很难赚到利润；相反，新建立的货币市场基金却有着很高的投资回报，诱惑着存款资金全部涌向那里。同时，20世纪80年代初，许多银行野心勃勃地贷款给拉丁美洲国家，但那些国家没有好好地管理贷款资金，导致了数亿美元的违约。20世纪80年代中期和20世纪90年代初，在储贷危机中倒闭了745家银行，纳税人因此承担了1300亿美元的金融灾难。

金融市场的变化无常和储贷机构的金融欺骗，让政府最终不得不以财政（融资）手段来解决危机。无奈中，决策者设立了一个叫重组信托公司（Resolution Trust Corporation，简称RTC）的机构。RTC优雅地采用了一种金融技术——证券，将利息和本金以交易的形式出售给投资者。由此，一个新的群体——证券投资者出现了，他们变成了贷款的拥有人，有权获得利息和本金。于是，证券化便一发不可收拾，从汽车贷款到商业抵押贷款全都被制作成证券，出售给广大的投资者。证券化竟出人意料地解决了储贷危机，减轻了纳税人的负担，简直是振奋人心之举。

然而证券化并不是RTC率先使用的，这一荣耀要归功于房利美和房地美以及联邦住房管理局（FHA）。不过，是RTC首先证明证券技术适用于所有商业类型的贷款。不仅如此，RTC为了能够使证券化通行无阻，还建立了一套法律和会计规则，以及投资者交易买卖证券所需要的基础设施。到了20世纪90年代中期，RTC由于营运出现问题倒下了，于是，华尔街兴高采烈地接过了掌控证券的方向盘。

投资银行家采用证券化，首先通过信用卡这一大众市场，利用借款人的信用分数和有针对性的直接营销技巧，使银行寻找到如何将信用卡发放到数以百万计中等收入甚至低收入家庭的方法。这一领域对银行唯一的限制，来自于他们自己的资产负债表——缺乏足够的存款或资本，限制了银行放开手脚自由地大干一场，而证券化就解除了这一束缚。当信用卡一证券化，银行并不需要存款就可以放贷，这时，就有投资者购买由信用卡抵押支持证券所提供的资金，资本已经不是问题，因为是投资者拥有了持卡人的贷款，而不是发卡银行。信用卡贷款因此而剧增，到了20世纪90年代中期，应收款增加了一倍。

证券化的威力也运用在繁荣时期的房屋净值贷款和住房建造贷款上。当美国国会取消了对非抵押贷款债务利息的减税之后，第二按揭贷款在20世纪80年代后期上升巨大，因为房屋净值信贷额度的利息依然可以抵税，房主如果缺钱花，可以用自家的房子作抵押，廉价和简便地贷到所需的款项，购买游艇、豪华车、珠宝项链，样样都可以。独具创新的营销手段使独栋楼颇具吸引力，有取代公寓的趋势。到20世纪90年代中期，房屋净值和住房贷款几乎增加了三倍。

但是，最活跃的信用卡、房屋净值和住房建造的放贷人并不是银行，而是金融机构。这些金融机构无需吸收存款，因为贷款已经证券化了。正因为无需吸收存款，金融机构便不像银行那样受到监管机构的监控。如果金融机构死了，纳税人不会受损失，只有金融机构的股东和其他债权人会亏损。因此，金融机构便为所欲为，越来越疯狂，毫无顾忌地降低或完全违背传统的贷款标准。

于是，银行保持资产负债表的贷款模式迅速让位给新模式——贷款证券化，并出售给广大的投资者。银行业这一模式变化被监管机构全面认可，因为银行并不拥有贷款，也就不需承担风险，这就减少了储贷危机再次发生的可能。但事实上，这些贷款所涉及的风险并没有消失，只是被转嫁到了投资者身上，推而广之，风险实际上被更广泛地延伸到了金融体系。

> 事实上，这些贷款所涉及的风险并没有消失，只是被转嫁到了投资者身上，推而广之，风险实际上被更广泛地延伸到了金融体系。

接下来发生的事件，敲响了有关限制证券的警钟。拖欠、违约以及个人破产案例开始剧增，不应该得到信用卡以及房屋净值贷款的家庭首先陷入了困境。由这些贷款抵押证券引发了1997～1998年的全球金融危机。这一事件始于东南亚负债的经济，一直延伸到俄罗斯，最终导致长期资本管理公司的崩溃。1998年秋季的几天里，市场所有的交易都停止了。美联储调降了利率，房利美和房地美迅速购买了大量的按揭证券，给市场提供了急需的流动性，恐慌才平息。可是对许多金融机构来说，这些救市措施还远远不够，使得许多银行要么被兼并，要么面临倒闭。危机的影响大约持续了十年，直到发生次贷危机。

前面已经提过，次贷本身的金额只有1.3万亿美元，即便"全军覆没"也不可怕，可怕的是次贷进一步变成了次债，数字立刻被放大了40多倍，变成55万亿美元。当房价高到再也没有"傻瓜"接棒的时候，房市难以为继，人们避之唯恐不及，那把锋利无比的下行利剑，一下子斩断了爬上金字塔的阶梯，底盘立刻松动坍塌。

目前中国房市也已高到难以为继的地步，不过，幸运的是中国还未学美国那样全面金融证券化，但是中国已经打开了大门，国际金融资本已然大举挺进中国，资本追逐利润而去是万年不变的真理。中国房地产已被国际金融霸权劫掠了一票，金融证券化又将如何？这里举一个实例，来具体说明证券化的威力。

在美国，抵押贷款银行和房贷经纪公司通常都是小型企业，属于低成本营运的行业，出现和消失都非常迅速，完全有赖于房地产市场的流量和生意的状况。在房市火热期间，市场上有一半的次贷是通过全美30家最大的放贷机构发放的。其中美国国家金融公司异军突起，靠火热的房市发迹壮大。该公司2006年独占鳌头，发放的抵押贷款占全美市场的20%，价值约为美国国内生产总值的3.5%，公司董事主席兼CEO安吉拉·莫兹勒已经被美国证券交易委员会指控内幕交易和证券欺诈。如果罪名成立，他将在监狱里度完余生。

美国国家金融公司的神奇，主要来源于银行抵押贷款业务，这是一个炮制巨额利润的"印钞厂"——通过各种渠道在全国市场范围内放出所有抵押贷款，销售到二级市场（所谓的"二级市场"，就是新上市后的股票、债券、期权和期货在金融市场的买和卖。纽约证券交易所就是人们看得见、流动性最大的二级市场——买卖股票），主要形式就是住房抵押贷款证券。

该公司2006年发放的抵押贷款占全美市场的20%，其中却含有45%不符常规的房贷。所谓不符常规，即公司有一条贷款政策，可以放贷给可支配收入少于1000美元的家庭。这还了得！这群低收入家庭连生活支出都难以为继，肯定无法按时支付月供。尽管人人都心知肚明，但只要有钱赚，谁管那么多，反正贷款一经包装，转手就卖给投资人了，投资人才是真正的冤大头、房贷的真正主人。

当美国国家金融公司发放按揭贷款时，再将按揭合同卖给像"两房"那样的机构，经过"两房"的精心包装，变成抵押贷款证券，这些证券随后又被出售给全球各个政府、银行或投资基金乃至个人，风险便转移到投资人的身上，包括中国政府，这就是移山大法之一。而不符合抵押贷款的证券必须卖给私人，属于二级市场的替代投资。2007年8月3日，这个二级市场停止了大多数不符贷款标准的证券交易，美国国家金融公司的资金链立刻陷入困境。

美国国家金融公司的债券价格上涨了。惠誉、穆迪和标普信用评级机构把它的评级下调了1级或2级，接近于垃圾的地位。一夜间，其债券价格投保的费用上涨了22%，这就限制了公司获得短期借债——发行商业票据的能力。商业票据在货币市场属主体，它被认为既安全又具流动性。发行商业票据的代价通常低于银行贷款，有数以百计的储户惯常使用银行存款账户或者存款证，通过货币市场来投资商业票据。

不符合贷款标准的证券交易刚停止不久，全美已有50家抵押贷款机构申请破产保护。到了8月15日，当时的美林证券宣布该公司可能破产，消息一经公布，再加上无法发行新的商业票据，公司股票从其峰值下跌了约75%。2007年市值曾高达240亿美元的美国国家金融公司，到了2008年1月11日，竟然以40亿美元"贱卖"给了美国银行（Bank of America，以下简称美银，笔者的老东家），一场闹剧终于收场。

这么多年来，利润丰厚的证券化、衍生化早就成了华尔街最主要的业务，包括为客户做交易和承销债券。因此高盛、摩根士丹利、贝尔斯登、雷曼兄弟和美林证券，还有其他投资银行，都是高利润产品的代表，特别是多种包装完美、充满异国情调的住房抵押贷款证券交易，这种衍生证券的实际操作比买卖房子至少复杂十倍，而且花样繁多，什么Straddle、Strangle、Naked put、Butterfly、Covered call、Collar、Iron condor，这样反串，那样对冲，将风险漂亮地包装起来，变成美丽的罂粟花，使华尔街投行能够保持唱高利润。

而高利润的来源需要通过杠杆，真是成也萧何，败也萧何。杠杆放大了利润，同时也放大了风险，成了投行最大的隐忧。对冲基金经理是最具借钱投资攻势的一群人，在2005～2006年的金融狂潮期，许多对冲基金利用高达15倍的杠杆效应，即以自己投资1美元，借用15美元的比例进行投资。对冲基金承诺可以提供超高的回报，但高回报一定伴随着高风险。

如果赌注下对了，杠杆作用确实能保证投资者巨大的回报。但如果赌注下错，带来的可就是灭顶之灾了。譬如，对冲基金意欲购买价值100美元的次级抵押贷款证券，基金自有资金10美元，另外借用90美元。如果证券价格上涨10%，回报则是100%，比原来10美元增加一倍。但是，如果证券的价格下跌10%，基金的自有资产也就荡然无存。所以说，杠杆作用下的投资是致命的，即使加上对冲。那些基金经理何以胆大包天？为了追逐利润。如果赌输了钱，必须从他们自身的腰包掏出来赔，肯定没人敢了。

> 杠杆作用下的投资是致命的，即使加上对冲。

正由于并不是用自己的钱投机，赚了他们赢钱，亏了呢，反正也是别人口袋里的钱，他们照样赢钱，因为"奖金"早已计算在公司的营运成本内。他们的玩法，已达到了赌徒的最高境界——稳赚不赔。像高盛、摩根士丹利和美国国际集团等金融机构，本事更大，稳赚不赔不说，甚至玩到"大到不能倒"——由政府作后盾。但贝尔斯登和雷曼兄弟就没有这么好运，玩到了倒闭的份上。不过那也没什么，倒闭之后可以再重新来。可以说，只要华尔街模式存在一天，金融海啸就还会继续发生，像贝尔斯登和雷曼兄弟那样的灭顶之灾就会再重演。

贝尔斯登表现最突出的两只对冲基金——贝尔斯登优质结构性信贷基金（Bear Stearns High-Grade Structured Credit Fund）和它的贝尔斯登等级结构信贷增强杠杆基金（The Bear Stearns Grade Structured Credit Enhanced Leveraged Fund），是那次金融震荡的催化剂，两只对冲基金投资的AAA级CDOs抵押贷款证券，都使用了极高的金融杠杆，即使采用抵消风险的对冲——ABX指数，也阻止不了它们走向死亡之路。

这看上去是一个成功的模型：购买债务的成本来自于抵押债务

（CDOs）所收取的利息，以信用保险的成本做对冲。两只基金最终呈现出高额的回报率。然而，随着抵押贷款违约率上升，一切都被破坏了。投资次级抵押贷款证券的基金大幅缩水，基金经理没有做足对冲，来涵盖其杠杆作用下扩大的巨大亏损。

而借钱给基金的银行面对次级抵押债券的蒸发，这种突发性的亏损使银行异常紧张。于是银行要求贝尔基金以更多的资金做抵押，迫使贝尔出售债券筹集现金；销售使得次级债券的价格下降得更快，银行就更加不安，要求更多的资金担保，从而造成贝尔斯登更多的债券销售。如此恶性循环，没多久贝尔对冲基金便分文不剩，噩梦就此开始。

2008年3月，摩根大通以每股10美元的价格正式完成了对贝尔斯登的收购。而2007年1月，贝尔斯登的股价曾高达每股170美元。贝尔斯登全球员工约有14000多人，公司历来鼓励员工持有本公司股票，员工持股量达到总股本的1/3。股价大跌，使贝尔斯登的员工遭受到了巨大的损失，受损的还有广大的投资者。

而雷曼兄弟则因过度投资CDO，也紧跟着贝尔斯登倒下了。雷曼是以购买住宅和商业房产贷款证券做后盾（它大胆假设房屋市场是永远不跌的），因而大量投资CDO市场。由于雷曼完全依赖短期贷款做生意，为获取高额利润并及时连本带息归还贷款，就只有铤而走险了，它以1∶35的债务比率进行投资。也就是说，雷曼自己拥有1美元，从别处借入35美元。按这样的比率，只要其资产负债表中总价值投资下降3%（雷曼的实际亏损远远大于3%），股东的权益便完全丧失。所以，当房市无情地崩溃后，雷曼兄弟终因无力归还所欠贷款而"寿终正寝"。与贝尔斯登相似，雷曼持股的员工也遭受重创。

写到这儿，前面讲过的概念就更清晰了：华尔街金融体系是掠夺财富的武器，对冲基金经理、外汇交易员、经纪人和投机财富的炒家是当今的冒险家，大投行是武装起来的船队，经济是他们的海洋，上市公司是服务于他们掠夺财富的船只，而国家则变成了他们的奴仆和监护人。

凡事看结果。每到年末，华尔街投行便开始清算"战利品"——红包的金额大小是最吸引眼球的财经新闻。年景好的时候，各大投行报出的红包数额一家比一家高："美林平均45万美元""雷曼平均50万美元""摩根平均55万美元""高盛平均60万美元"。当金融危机远未结束时，高盛还率先高调报出31000名员工，人均有望入账70万美元，创高盛136年历史的最高值，使大量失业、失去家园的美国民众怒火中烧。

针对美国民众高涨的怒火，高盛的董事长兼首席执行官布兰克梵振振有辞地辩解道："我们干的是上帝的活儿。"言外之意，他们的高额索取名正言顺，真是"见过无耻的，还没有见过这么无耻的"。金融危机明确无误地证明，爆发的核心就是资产证券化。然而华尔街投行最赚钱的，恰恰就是资产证券化和杠杆化的业务。在这个证券化的过程中，华尔街2%的人把垃圾包装成黄金（譬如次贷证券化）。他们赚得越多，广大投资者的亏损就越大。社会大众的财富就这样神不知鬼不觉地被移山大法装进自称是"为上帝工作的人"的口袋中。

我们不妨来看一看，高盛的金融大鳄究竟干了些什么样的"上帝的活儿"。高盛在2009年头三个月的盈利分为四类（以美元计）：

1. 金融咨询：3.25亿

2. 股票销售：3.63亿

3. 债券销售：2.11亿

4. 交易和资产投资：100亿

大家请留意，最后那个100亿美元，比华尔街传统业务总和的几亿美元要多得多得多，这个100亿，就是高盛魔术般的盈利，其中也包括了搜刮中资银行的利润。然而自金融危机以来，高盛从纳税人口袋里得到的救助有（以美元计）：

1. TARP：100亿

2. 美联储：110亿

3. FDIC：300亿

4. AIG：130亿

总共近640亿美元。如果没有640亿美元的救助，高盛就将像其他很多银行那样，绝对活不到今天。高盛在危机的最高点，获得这些救助资金，并再一次利用20～30倍的高杠杆，借到相当于2万亿的资金，一跃成为当时最有钱的银行，而后利用这些钱，在股票市场崩溃和各类资产最低价时大量购进。随后，在美联储和财政部以"营救金融体系和国民经济"的名义，投入了23.7万亿的资金，再将那些资产重新膨胀。他们完全获利于用纳税人的钱，在最低价时购进的资产创下的盈利纪录，而纳税人却没有得到任何的利益，这就是所谓的"上帝的活儿"。他们将所赚利润的一半——210多亿美元，脸不变色心不跳地笑纳进自己的口袋。

为了平息大众愤怒的情绪，高盛表示，公司30位级别最高的管理者将不接受2009年的现金奖励，改以股票代替现金。这种换汤不换药的"典范"之举，依然难息民愤。殊不知，当时美国上班族的平均年收入不过5万美元，而华尔街单单红包，就接近普通上班族平均年收入的15倍。华尔街闯下大祸，令全球经济进入衰退，使大量无辜的民众丢掉饭碗，但分发起"战利品"却丝毫不手软，这可恶的情形能不令人愤怒吗？

然而，近年来，华尔街最大的"战利品"，大概要数中资企业了。

金融市场在中国的演进

从前各国抵御外来侵略、反抗帝国无耻的掠夺，靠的是拿起武器这种极端的模式——战争。但现在，掠夺没有停止，抵御也在继续，只是双方的武器变了。在当代战场上，敌我双方是以不见刀枪的金融为武器，但经过激烈的格斗，战场上"血迹斑斑烽火四起"的场面，与真实的战争毫无区别。无论战败方是谁，收拾残局的感觉甚至更让人痛彻心扉。

自2001年中国加入世界贸易组织（WTO）后，中国经济惊人地崛起。

世贸组织的贸易规则，赋予了成员国之间的经济优势：贸易壁垒降低了，门户也随之开放。更具意义的是加入了世贸，就等于在全球的商务桌上占有了一席之地，它标志着一个国家的重要地位。中国入世后，中国制造打开了全球的市场。固定的人民币值，使中国制造保持最低的成本，她吸引世界各地的工厂、企业涌向中国。在这个星球上，再也找不到更好的地方，去雇用成千上万优质的廉价工人了。

大量低成本的中国纺织品源源不断地向美国和其他发达经济体出口。而20世纪90年代中期，中国在全球经济体中所扮演的还只是个小角色，可十年间，中国一跃成为生产制成品超过全球1/10的国家，随之而来的，还有滚滚而来的财富。

在中美贸易往来中，面对突如其来的财富，中国的精英层最初不知如何是好。最简单的方法，就是购买美国国债来存放中国人民挣下的血汗钱。因为美国国债最安全，又具流动性，而且不需要复杂的金融知识便可操作。此时，就像狼闻到了血腥味，中国的财富令华尔街馋涎欲滴，眼珠子都发绿了。

眼看中国的积蓄越积越多，但美元这一独特的货币时常为了其自身的利益，时贬时升，使中国握有的美国国债收益不稳（这一现象将在后面分析）。假如单单考虑资金的安全性，十年期国债的收益率是4%，回报不错。但是，现金滚动的速度和中国经济两位数的增长速度相比，4%的回报率就显得微不足道了。中国出于自卫，为抵御美元贬值使资产缩水的微小声息，就足以使华尔街蠢蠢欲动了。他们到中国兜售带有异国情调的衍生产品，如企业债券、住宅按揭证券和抵押债务（CDOs）等。他们忽悠中国购买证券的故事特别有说服力：

　　在过去的半个世纪中，美国房主获得了万亿美元的住宅按揭贷款，贷款的损失可以说只有千分之一。除了大萧条时期，美国有一些地方的房价有所下跌，那也是暂时的，除此之外，美国房价根本不会下跌。

　　在此情形下，中国扩大了投资组合，开始做出数额巨大和大胆的投资决定：购买房利美和房地美发行的美国机构债券及联邦住宅贷款抵押公司的债券，以平衡美元贬值带给中国的巨大亏损。中国巨资源源不断地进入美国，持有美国"两房"发行的证券为3763.26亿美元；资产抵押支持证券（Asset-Backed Securities，简称ABS）为2060亿美元。

　　对于投资"两房"发行的资产抵押证券，中国政府是谨慎的，并做过一番功课。"两房"私有化之前，有着政府背景及市场的垄断地位。"两房"并非直接把贷款借给购房人，相反，他们从银行和放贷机构那儿购买按揭合同，给银行或放贷者腾出更多的现金，再贷给购房人士或延长更多的贷款。虽然美国政府并没有正式为这些证券背过书，但担保过。然而中国政府和其他各国政府及共同基金、养老基金、保险公司和个人投资者无论如何都没料到，"两房"把从银行买来的次级房贷经过"精美包装"，放进了价值5.2万亿美元的债券市场，并获得证券最高评级AA，似乎跟美国国债一样可靠，是固若金汤只赚不赔的投资，且回报比美国国债高。

　　不幸的是，2008年9月8日可谓"两房"的黑色星期一，"房利美"股价一开盘，就从2.05美元下跌至0.73美分，而"房地美"从3.60美元跌至0.83美分，均跌破1美元，冲破纽交所设定的1美元"警戒线"，进入交易所监管部门的重点关注名单，面临被摘牌的可能。而2007年，"两房"的股价还分别为68.60美元和65.88美元。所幸美国政府救起"两房"，放弃了雷曼兄弟，使中国大大松了一口气。

由于美国政府接管了"两房"，持有"两房"普通股和一般优先股的投资人倒霉了。他们的派息在接管期间被取消，美国财政部还可以认购相当于"两房"79.9%的普通股的股权，大大稀释了普通股的价值。

跟着蒙受损失的是持有"两房"优先股的金融机构，包括美国和欧洲银行。这些机构大约持有总额50亿美元的优先股，评级机构标普已将"两房"的优先股评级调降到14级，穆迪也宣布将"两房"优先股评级降至垃圾级。

> 当衍生产品扩大的利润被金字塔顶端之人掠夺之后，巨大的窟窿将由谁去补？毫无疑问，当然是纳税人了。

但是，当衍生产品扩大的利润被金字塔顶端之人掠夺之后，巨大的窟窿将由谁去补？毫无疑问，当然是纳税人了。他们是金字塔最底端之人。据估算，拯救"两房"的资金至少需10000亿美元，平均每一个纳税人必须拿出6000美元来买单。纳税人中最倒霉的是中产阶级，他们既没有富豪逃税漏税的资本（需要大量专业人士服务），又不甘像穷人（基本上不用纳税）那样躺在政府身上。除去富人和穷人，每一个中产阶级都可能分摊高达上万美元。

中国政府虽然躲过了"两房"危机，但其他投资是否安全呢？我们先从中资海外上市和金融改革谈起。1999年，花旗集团的投资银行（当时名为所罗门美邦）成为中海油公司海外募股的主要承销商之一，为此大捞了一票后，沉寂了好几年，让位于摩根士丹利，承销了中国电信、中国联通和中国石化等公司。

2003年底，花旗投资银行好不容易凭借全球最大的IPO——中国人寿上市打了个漂亮的翻身仗。到了2004年，花旗集团表示要作为战略投资者入股中国建设银行，因此，花旗投资银行最早进入了建行的IPO承销团之列。但最终又是摩根士丹利捷足先登，不但担任了建行上市的承销商，还为建行穿针引线，引入了建行的战略投资者——美国银行，为两家银行高效率的谈判和合作协议发挥了非常重要的作用。

承销商的角色使华尔街在中资银行上市中大捞了一票。因为没有独特的技巧能够精确地计算股票的发行量和价位，上市公司本身也无法确定市面上的需求量。按常规操作，上市公司就像待宰羔羊，得听任承销商说一是一，说二是二。当一切都尘埃落定，上市公司就只有支付承销商专家意见费的份儿。这条灰色地带猫腻太多，极其容易被滥用，传出来的丑闻也不止一两起，也表明了承销商说一不二的地位。

发生在承销商这里最恶劣的事，莫过于使投资者买入的新上市的股票在几天、几个星期或者几个月之内，价格急速下降。所以华尔街总是倾向于在低价位上成交，以保证股票上市后上涨的趋势。不过，承销商也想让上市公司高兴，使他们以一个合理的价格筹集到所需的资本。但承销商更想让买了上市公司股票的大客户们高兴，当下一次再筹集资金上市的时候，他们还是要回头，去找那些相同的客户们。

通常来说，公司公开上市，是期望将公司进一步壮大。特别是对小型公司而言，公司上市最明显的优势在于可将集资用于技术研究和发展生产，甚至用集到的资金偿还现有债务；另一大益处是可以提高公众对公司的辨识度，因为首次发行股票，往往是向潜在的客户宣传新产品的最好时机，可以促使公司增加市场的份额，公开上市也不失为个人功成退隐的一种策略。

但上市其实也是一把双刃剑。即便公开上市有诸多的益处，但上市公司往往也面临着许多新的挑战。最重要的变化是必须向投资者公开公司的信息，还必须定期将财务报表向证监会报告，这就增加了各种财务上的开支；上市公司还将面临市场的巨大压力，导致管理层把重点放在短期结果而非长期的增长上，又因为投资者不断寻求盈利的增长，将导致管理层为追求高利润作出疯狂的决策。

然而中国的交行、建行、工行和中行原本都是国有商业银行，不同于美国政府没有货币发行权，中国政府主权独立完全不受别国控制，财政政策和货币发行权全都掌握在国家手里，而且国有银行在中国的业务是垄断的，利润是丰厚的。就因为中资银行利润丰厚、业务垄断，华尔街早就跃跃欲试，等不及想瓜分利润，但又苦于中国金融业不对外开放，找不到突破口，无从下手。但眼看到口的肥肉吃不着，他们岂会善罢甘休。

于是，华尔街大肆唱空中资银行和中国股市。2002年12月，高盛出台了一份研究报告，宣称中国银行系统不良贷款率为40%，成为亚洲最差的银行。到2003年上半年，英国《金融时报》、高盛、穆迪和里昂证券纷纷对中国银行系统进行警告，一再强调中资银行不良贷款存在着极大的风险，如果处理不当，就将毁坏中国经济的改革成果。那些西方媒体和金融机构众口一词，在国际国内大造声势，尽其所能地贬低中国银行业。到了2003年底，标准普尔等国际信用评级机构将中国的主权信用评级定为BBB级，是"可投资级"中最低的级别，还把13家中资银行的信用评级定为"垃圾级"，以便国际金融财团在股权收购交易谈判时，拿到谈判的价码。

哪怕中资银行确实存在不良贷款，也不至于烂到他们所形容的地步。中资银行听信了"善意"的谎言，于2002年底，在银行系统内全面启动人事与激励约束机制的改革，这项改革包括用人制度、用工制度、薪酬制度和培训体制，使银行成为较为完整的体系。中资银行走到了这一步，西方列强还不满意，因为掠攫财富的桥梁还未搭建。在2003年5月，高盛又发布了一份《中国银行业的风险与出路》的报告，给中资银行指明了一条"唯一的康庄大道"——由国家财政注资并引入战略投资者，然后海外上市（以其定价的垄断权，先掠攫巨额承销费，再购进价格低廉的股权）。他们把《孙子兵法》学到了家——赢在开战前。

2004年1月6日，国务院公布中国建设银行与中国银行将实行股份制试点，同时注资450亿美元。这一消息获得国内外相关人士的极大关注，经过多方打探与分析，国际大财团于2005年开始大举挺进中国。他们表面上说是为了帮助中资银行改革，实际上却做着吞噬中国资产的"善霸者"行为。如2005年，美国银行（Bank of America）通过摩根士丹利的穿针引线，在中国建设银行注资30亿美元，约占股份9%，每股定价仅0.94港元；2008年，又从汇金公司手中增持了60亿股，股份占比达到19%。然而，美国银行友好的面具在2009年被它亲手摘下。2009年1月7日，美国银行在香港以每股3.92港元的价格售出2.5%的建行股，获利13.3亿美元。这一举动导致建设银行的股票当日下跌5.8%，香港的恒生指数跟着下跌0.53%。同年5月12日，美国银行又故技重施，以每股4.96港元的价格售出35亿建行股，获利73亿美元。从美国银行注资到离开，不到四年的时间里，美国银行从中国建设银行共获利接近100亿美元，还不包括每年几亿美元的红利，回报丰厚。

无独有偶，2005年高盛、安联和运通公司达成一致，共同注资37.8亿美元至中国工商银行，获得约10%的股份，每股定价为1.16元。他们也采用了和美国银行同样的手段——抛售套现。截至2009年2月底，高盛、安联与运通公司依靠抛售工商银行股票账面获利61.4亿美元，仅比美国200%的投资回报率低40%。

其他国家或金融机构也有样学样，瑞银集团、苏格兰皇家银行、新加坡淡马锡与亚洲开发银行趁机投资中国银行87.8亿美元，每股定价为1.22元，最后悉数抛出，共获利41.35亿美元。经中国银行证实，禁售期还未满15天，包括苏格兰皇家银行在内的诸多国外财团就纷纷抛售手中的中国银行股，中行连续遭到三家大股东减持股权，其中苏格兰皇家银行更是将手持的108.1亿股的H股股权全部售出，中国银行股票被重创。

于2009年抛售股票的大外资还有汇丰银行。汇丰银行进驻中国比大多数国外财团都早，它早在2004年便注册交通银行17.5亿美元，持股93.1亿，占比18.6%。2009年2月底，汇丰银行抛售中国交通银行股获利56.6亿美元，账面收益39.1亿美元，投资回报率更是高达223%。

那些国际金融大财团就是高盛所谓的"外资战略伙伴"，他们与中资上市银行的战略伙伴关系，就是在适当的时机，以最低的价格获得中资银行的股权，借用上市的游戏劫掠一票之后，就像装满战利品的海盗船，鼓起风帆开溜了。中资银行业成了他们的取钞机，肥水流尽了外人的田！由此可见，华尔街上市的游戏和定价权的垄断，是多么厉害的武器。

高盛假意开给中资银行"治病良方"，表面是为了帮助中国银行业改革，暗地里却上演着"新八国联军侵华"的戏码。为何中资银行会接连上当被骗？追根究底是中国人民过于善良，因为自己没有什么坏心思，就以为那些糖衣炮弹都是真心实意的帮助。那些像豺狼一样的国际大财团，因为自己就是豺狼，看别人的时候自然也是狼子野心。它们咬住中国就不松口，非要将中国的中资银行撕扯得鲜血淋淋，如果你指望它们能心慈手软，无异于痴人说梦！

当打扫这片哀鸿遍野的战场时，望着满目疮痍，我们的心在滴血！那些国际金融大财团在抛售了中资四大银行的股权之后，总共获利接近236亿美元。

中国四大上市银行2008年的利润总额为2953.7亿元，平均增速达到30.5%。其中，建行实现净利润高达926.42亿元，增长33.99%；中行635.39亿元，同比增长13%；交行实现的净利润达到284.23亿元，同比增长了38.56%；而工商银行的净利润高达1107.66亿元，同比增加36.3%。可是很遗憾，真正分享高额利润的是谁呢？不是广大的中国股民和四大银行本身。真正分享高额利润的，是吃人不吐骨头的华尔街豺狼。仅举建行为例。美国银行抛售了建行股之后，依然拥有建行10.75%的股权。也就是说，美国银行还要刮走建行10%以上的净利润，接近100亿元。据最保守估计，单单一年，外资就从中资银行身上剥夺利润超过10000亿元，约1471亿美元（按1∶6.8计算），再加上抛售股权所得236亿美元，总共从中国人民身上掠取1707亿美元。

这是一笔怎样的巨款呢？它足以收购三家大型商业银行的控股权，比如花旗集团；可以拯救美国三大汽车巨头九次以上。自中华人民共和国成立以来，建立一支核动力的航空母舰，一直是中国海军的梦想，这1707亿美元，可以购置15艘核动力航空母舰，包括舰上的全部舰载飞机，使中国海军一举成为当代的"海霸"。

"小盗窃钩，大盗窃国。"被外来强盗窃取了巨额国家财富，对任何一个有血性的中国人来说，都吞不下这口恶气，他们也同样拿起"金融"这一武器进行了还击。在金融海啸初始阶段，中资企业意气风发、踌躇满志，大举收购海外股权资产，意欲打一场漂亮的翻身仗。但结果如何呢？

金融霸权下的牺牲者

中资企业从2007年起便雄心勃勃地带着雄厚的资金，跨越大洋去寻找投资目标了。他们显然意识到，不被欺凌的先决条件是：自身必须强大。外国资本可以通过并购中资股权，指哪打哪，稳操胜券，使其资本滚雪球般越滚越大，中国资本为何不可如法炮制？再说中资企业早已今非昔比，改革开放40年，无论是人力资源还是资本积累，都已达到前所未有的成果，此时不说狂妄，自信肯定是不缺的。

不过很遗憾，时值金融海啸初始，海底漩涡汹涌，暗礁重重，向来"不打无准备之仗"的中国，却直面海啸降临。因为国际经济形势发生了巨变，全球各大股市正处于高位调整阶段，欧元、英镑兑美元的汇率也处于不稳定期，虽然出海的中资企业勇猛无比，但因其抄底准备不充分，结果可想而知。

就拿中国最大的金融公司中投公司来说，中投第一笔大交易投资30亿美元，获得美国黑石（Blackstone）10%无投票权的IPO股票，可截至2009年2月底（下同），账面亏损24.6亿美元；第二笔投资50亿美元，获得摩根士丹利9.9%的股权，账面亏损29.2亿美元；第三笔投资德国HRE公司5.1亿美元，亏损了98%，几乎全军覆没。单单中投这一家公司，便触礁亏损了58.8亿美元。

而2008年1月底，中铝以每股60英镑的溢价，耗资约140.5亿美元，投资澳大利亚力拓公司，获得了12%的股权。按照2009年2月底每股18英镑的收盘价来计算，股价本身跌了不说，当时英镑兑美元又贬值了大约28%，力拓的股份一下子缩没了，账面亏损118.5亿美元，跌幅高达84.3%。

平安保险公司挫败得也很惨烈，在2007年底和2008年初，它耗资32.2亿美元（20.7亿欧元）获得富通银行5%的股权，收购价分别为每股19.05欧元和10欧元。到了2009年2月底，富通银行的股价每股只剩1.68欧元，再加上欧元兑美元贬值约为11%，当初投入的32.2亿美元，仅剩下2亿美元，跌幅更是高达94%，实在是令人痛心！

全军覆没的还有人民银行香港下属公司，耗资10亿美元投资美国华盛顿互惠银行，因互惠银行倒闭，所有投资一分不剩；尔后投资法国道达尔，又亏损10.9亿美元。还有国开行投资英国巴克莱银行亏损29.9亿美元，工商银行投资南非标准银行亏损35亿美元……中资企业这趟出海，到2009年2月底清点战果，竟以账面亏损293.1亿美元而告挫败，总亏损高达76%。

为何外国资本能在中国稳操胜券，中资企业跨海出征却败得如此惨烈？

当然个中缘由错综复杂，中资金融机构未有公布详情细节。不过从当前中国许多企业急于进入世界五百强，一再强调要将企业"做大做强"的豪言中，不难看出挫败的端倪。

要将企业"做大做强"本无可厚非。不过这中间是有迷思的，**不能光为了大而"做大"，因为"做大"并不等于"做强"**。有时兼并似乎能快速"做大"，一旦消化不良，反而适得其反，结果不一定是1+1＞2，更多的时候则是1+1＜2，甚至于走向毁灭。更何况与中资交战的对手，是给中资开过"药方"的外国资本，他们把中资的底牌探得一清二楚，而中资企业呢？对手的黑洞有多深知道吗？比如中投公司投资摩根士丹利。事实上，摩根士丹利金融证券化留下的黑洞，跟美林证券相差无几，中投公司投资摩根士丹利，无疑就像美国银行（Bank of America，以下简称美银）收购美林证券，遭遇惨败毫不奇怪。

别看美银在中国建行掠劫了一票，却在狼吃狼的华尔街大栽了跟斗。美银失败的根源就在于急于求成，他们在收购美林的过程中狂妄自大，似乎稳操胜券，还未做足前期调查便盲目行动。为使美银上当受骗的案例成为中资企业的一面镜子，我们不妨来剖析一下美银是怎样像"泰坦尼克号"一样，因为低估海底的漩涡与暗礁，最终撞上海底冰山的。

一个企业的成功与否，与掌舵的管理人员不无关系。美银的CEO刘易斯曾是一个成功的银行家，他一生的目标就是带领美银成为全球最大的一站式金融机构。可惜野心越大，跌得也越惨。如果时光可以倒流，也许刘易斯宁愿将2008年9月全部从日历中抹去。

在危机开始的初期，刘易斯好大喜功，他几度扮演超人，先是以40亿美元全股交易的方式，收购了烂账无数的美国国家金融公司（就是前面提到的美国最大的抵押贷款金融机构），向冰海沉船迈出了第一步，之后又以超大手笔收购美林证券。没料到遭遇老奸巨猾的美林前老总约翰·塞恩（John Thain）的暗算。美银这艘"泰坦尼克"号因此撞向海面冰山，迅速向冰海中沉没……

2008年9月12日晚，美国最具权威的大人物们齐聚在美联储的办公大楼，商讨雷曼兄弟公司的命运。偌大的办公室里，坐着美国财长保尔森、美国证交所主席考克斯、美联储主席伯南克、两个雷曼兄弟公司潜在的买家——刘易斯和英国巴克莱银行的代表华莱，外加华尔街五大投行的头头脑脑。六点钟会议一开始，保尔森就传递了一条严酷的信息：政府不会动用纳税人的钱救助雷曼，雷曼唯一的出路是依靠非官方部门的救助。得知政府无意出手资助雷曼，刘易斯立刻离开了会议室，走出美联储大楼——这决定了雷曼兄弟破产的命运。

那时的刘易斯有资格、有本钱傲慢，在他的领导下，美银红色醒目的国旗般的标记遍布全国17000个自动取款机，服务于5500万户美国家庭，拥有5910亿美元的储蓄存款。眼看各大金融机构的股价都缩水了一大半，他长期的竞争对手花旗集团也因为过度投机金融衍生产品从辉煌走向没落。美银由于较少参与次贷业务，此时一枝独秀。这就难怪保尔森对他帮助打捞不良资产寄予着厚望，华尔街大亨也都纷纷盯上了他这个南部阔佬。

当雷曼兄弟前CEO福尔德还在强硬地自我辩护时，另一个投行大亨、美林证券的CEO塞恩却做出了历史性的决定，他向刘易斯发出了"诚意"的求救信号。塞恩比福尔德更狡猾，他曾是财政部长保尔森的老部下、高盛前

CCO，后又出任纽交所主席，一手推动了纽交所上市。塞恩2007年底受美林董事会高薪邀请，受命挽救美林，当时美林董事会的开价非常诱人——签约奖金每年1500万美元，根据美林的股价，每年还可以收5000万到1.2亿美元的红包。

塞恩深知美林的问题不比雷曼少，也许下一个破产的公司就是美林。说实话，上任不到一年的他对美林毫无留恋，资产保值、奖金保值是他唯一的目标。但是刘易斯愿意出手接这个烫手山芋吗？塞恩心里没谱。但他不断向对方强调，美林拥有华尔街最大的经纪人精英团队，而美林在前几个季度已经做出大幅资产减记，未来不会有太大的问题。

而刘易斯的积极响应倒是出乎塞恩的预料。就在他们首次接洽24小时之后，美林和美银就已经达成每股29美元的收购协议。双方董事匆忙召开了一次特别董事会，批准了这项交易。2008年9月15日上午9点整，刘易斯和塞恩在纽约召开记者发布会，宣布美银将以500亿美元收购美林。这天无疑是投行历史上最戏剧化的一天——具有94年历史的美林不复存在，158岁的雷曼兄弟宣布破产。

这番逆势而为的大动作，一下子令刘易斯取代过往星光熠熠的银行家，成为备受关注的银行界新王者。"闪电猎人""华尔街的拯救者"！刘易斯在镁光灯下沉醉了，他最大的愿望是超越前任——享誉银行界的休·麦考尔（Hugh McColl）。

麦考尔是北卡国民银行的CEO，最擅长以低价收购优质资产，在他任职的八年间，主持了超过100项收购项目。其中最大的一个项目是1998年以490亿美元并购了Bank America，从此公司更名为美国银行（Bank of

America）。这一名称成就了麦考尔的帝国野心，创建了业务遍布全美的巨型银行模型。

刘易斯是麦考尔的得力助手，几乎参与了公司所有重大的收购与整合，因为一次次收购，他得以平步青云。美银的高管们不但工作在一起，生活娱乐也在一起。刘易斯和麦考尔住在北卡罗来纳州的夏洛特市，在相同的乡村俱乐部。虽然麦考尔2001年退休了，但他的身影和影响力却依然处处可见。

刘易斯2001年54岁接替麦考尔，成为美银的CEO。上任之后，他在一张白纸上列出了所有他想收购的公司，他也这么做了——收购了波士顿旗舰金融公司（FleetBoston Financial）、信用卡公司MBNA、拉塞尔银行（LaSalle Bank）和美国国家金融公司。

但所有这一切，都比不上超越麦考尔轰动。刘易斯2007年初曾经开价1000亿收购美林，却被美林前CEO奥尼尔拒绝。之后能以不到一半的价格将世界著名的投行品牌收入囊中，还会有比美林更大的战利品吗？假如能捡到这个"皮夹子"，那么……刘易斯不顾各方的压力，在两天之内仓促决定了这笔交易。他甚至怕别人抢走这块"香饽饽"，在分析师们质疑支付了过高溢价时反驳："难道我们要等美林反悔，或者等其他银行介入？美银必须迅速采取行动，机会稍纵即逝！"刘易斯不但是美银的CEO，还是董事长，他一人大权独揽，谁能说不呢？

一个极具兼并经验的CEO，为什么不经尽职调查，就做出如此莽撞的决定？因为他买的不是美林证券本身，而是美林证券对于他的意义。对他个人来说，并购美林有着巨大的情感意义——麦考尔可从来没有收购过美林，而现在，他，刘易斯，做到了。正如在一次访谈中他所坦承的："在投行，这是一个标志性的名字。一旦将这个公司（指美林）收入美银旗下，我们的战略目标就完成了！"他的潜台词是：我的个人目标也完成了。

不幸的很，刘易斯这种极度膨胀、极为自大的快感，随着美林失控的财务状况很快退潮了。随着收购案的脉络逐渐清晰，不管是刘易斯还是投资者都发现，美银上了美林的大当。美银在2008年12月初发现，美林的亏损远远超出美银的预期，内部核算显示，此前的两个月内，美林的亏损达到惊人的150亿美元，而12月的亏损将更糟糕。刘易斯受够了，准备放弃对美林的收购。他于12月17日飞赴华盛顿，但那时已骑虎难下。

不消说美林不答应，保尔森和伯南克更是恩威并施地劝阻他，如果放弃收购美林，将引发美国金融系统灾难性的后果，并且市场和政府官员对美银的信任也将削弱，潜台词是：你的高位也未必能保。而如果美银同意承担部分先期的损失，政府除了拨款450亿美元救助资金外，还将再为美银提供1180亿美元的资产担保。

事实证明，美银收购美林是个大灾难。一心只为自己利益考虑的塞恩，在第四季度亏损超过150亿美元的情况下，还赶在12月底给美林高管发放40亿美元的年终奖，此外还厚着脸皮向董事会索要1000万美元的红包，理由是由于他精明的交易，为股东换取了利益。塞恩的索取无疑扇了刘易斯一记响亮的耳光。刘易斯在忍无可忍的情形下于2009年1月赶走了塞恩，但他自己的位置也变得岌岌可危。

昔日兼并场上的将才，为什么突然变成了有勇无谋的受骗者？权力、欲望和极度膨胀的过分自信，导致刘易斯判断失误。刘易斯早期的交易有两个主要特征：被收购的公司都属于零售业银行范畴，而且当时的经济形势比较乐观，例如国民银行对Bank America的收购，美银对波士顿旗舰金融公司的收购。这些收购都遵循着既定的原则：削减营业成本、巩固资产和积累实力，以规避竞争者并创造新的投资机会。

然而，刘易斯收购美国国家金融公司和美林证券时，上述原则就不适用了。美国国家金融公司是一个抵押贷款机构，它不是银行，而且潜藏着巨大的贷款亏损；美林则更以深陷次贷危机及拥有太多有毒资产而"著称"。

在宣布购买美林交易的最后一个交易日，美银的股票价格还保持在每股33.74美元，之后便一路狂泻，一度触及每股2.53美元，创20年最低位，即使之后有所反弹，也已大伤元气。这口气再要喘回来，不知需要等多少年。美银的大股东杰瑞·芬格（Jerry Finger）因无法容忍资产受损，终于发起了倒戈行动，他强烈要求刘易斯引咎辞职，为他收购美国国家金融公司和美林的灾难性后果负责。

眼见口袋里的钱蒸发了95%，股东们当然喊冤叫屈，因为这简直是无妄之灾。与金融危机的肇事者不同，美银作为分支机构最多、以消费业务为基础的零售性银行，在次贷危机中原本并未受损。刘易斯也并非无能之辈，也不是贪图短期利益的金融掮客。美银是他唯一效力过的公司，两度（2001年和2008年）被《美国银行家》杂志评选为"年度银行家"的称号。美银

> 回顾刘易斯的故事，就好似读一篇言简意赅的寓言：虚荣一样能够导致毁灭。

在2007年金融海啸中，为仅存的健康的银行，他也因此被《时代》杂志评选为最富影响力的世界100位人物之一。

回顾刘易斯的故事，就好似读一篇言简意赅的寓言：虚荣一样能够导致

毁灭。刘易斯过分激进的金融帝国梦，令美银成为银行混业经营体制的最大祭品，他本人一夜之间也功名尽失，先被董事会掀掉了稳坐八年的交椅——董事会主席，尔后被剥夺了CEO的权位。

中国购房的放贷方法已与美国接轨，比如银行放松信贷，为低收入人士发放购房贷款；有些学者专家竟然高呼"买房就是爱国"。这套做法，与当年克林顿政府积极推动监管机构，放贷给不够资格申请房贷的低收入族裔如出一辙。**中国学美国，其结果必定像美国，因此房市泡沫被吹大了。**

而从中资金融机构海外收购挫败，到刘易斯兼并美林证券撞上海底冰川，结局几乎"异曲同工"。回头看看这次受冲击的美国企业，无一不在世界百强之列，有些甚至排名前十位，如美银、花旗和美国国际集团，全是靠收购、兼并"做大"的，又无一不在行业里称霸。然而"做大"和"做强"并没必然的联系，大了之后会垄断，垄断不是"强"，而是"霸"，霸道会阻碍经济进一步健康发展。因此将企业"做大做强"，不靠急功近利，靠的是一步一个脚印。如若不然，其结果也必定像美银，稍有不慎，便跌入万丈深渊。

> 将企业"做大做强"，不靠急功近利，靠的是一步一个脚印。

虽然中资在收购海外资产中挫败了，但是挫败不可怕，总结经验教训才是最重要的。金融业发展的关键是人才，尽快招募、培养经得起国际金融市场考验，并具有爱国之心的金融从业人员，是中国银行业和金融机构走向国际的当务之急。否则，中国作为买方的投资者，却因辨别不清金融产品的风险，只能就市场走势和专业知识等问题，去咨询作为卖方的国际投行，那国际投行不就好比老鼠掉进大米缸，还不使劲吃吗？

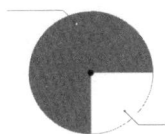

第七章

用正确的金融观念创造美好生活

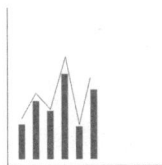

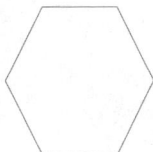

都是石油惹的祸

　　现代人的生活几乎离不开能源，当今全球化的经济模式，更离不开便宜的能源。以咖啡为例，西方人早起坐上餐桌，自然而然地要喝一杯咖啡；早上到公司，一到咖啡时间，免不了又是一杯咖啡；午餐过后还有下午茶，此时定要再喝一杯。对于西方人来说，一天三杯咖啡根本不算什么，就像每天三顿饭那样天经地义。如果能源价格一直这么便宜，且供应量充足，谁在乎咖啡的产地在哪里，加工过程需要消耗多少能源，运到市场的货架上又需要多少路程？

　　我们不说牙买加的蓝山咖啡，那属于咖啡中的贵族，出产于海拔2300米的加勒比山脉，口味清纯不带苦味，价格自然不菲，一磅蓝山咖啡大约60美元。就拿巴西、埃塞俄比亚、海地、印度和厄瓜多尔出产的咖啡来说，咖啡在采收、加工去湿、消除发酵、干燥防霉、抛光、烘烤和装箱的工序中，每一个步骤都需使用人类发明的机器来加工；然后，装了箱的咖啡被送进特殊的货柜（干净、通风和干燥，否则咖啡会变味）运到港口，经过海上几个月的漂流运往世界各地。这中间每一个细节要烧掉多少能源？这里所指的"能源"就是石油。

　　过去华尔街提倡的消费模式，全都建立在低油价的基础之上。只可惜，随着石油枯竭及高油价的来临，这套模式已走到了尽头！

如今，我们可以用天然气和煤炭来发电，可是，目前世界上的汽车、卡车、货船、飞机和机械设备，大部分只能用石油来运转。这意味着全球所有的经济活动很难离开石油。有地质学者指出，任何一个油田的石油储量被开采过半之后，技术上称之为到达"峰值"，再要开采一桶油，每桶就需要更多的资金投入。而全世界大多数的油田都已然到达这一决定性的转折点。石油无可替代并日益减少的真相，是2008年油价从30美元一桶破纪录被炒到147美元一桶的原因之一。当然，金融霸权是助长油价疯涨的主因，其背后所隐藏的，更有政治因素。

> 金融霸权是助长油价疯涨的主因，其背后所隐藏的，更有政治因素。

如果哪天油价暴涨，制作和运送咖啡所耗费的燃料也将上涨，由于成本上涨了，咖啡豆的价格也会跟着上涨，人们自然就会计算咖啡的价格。当咖啡的价格变得昂贵时，人们便会从每天喝三杯减少到每天喝一杯，因为投入昂贵的能源从千里之外获得咖啡，被喝掉的咖啡与能源的交易，就变成一笔不划算的买卖，在经济学上称之为"削弱的回报率"。

与咖啡同理，如果油价上涨了，人们便会减少开车的次数。2008年8月，当油价上升到147美元一桶时，美国人开车距离减少了150亿英里（与2007年8月相比），是1942年美国政府收集数据以来最大的跌幅月。美国这个号称"车轮上的国家"，平均每1000人拥有汽车765辆，几乎每个成年人都拥有一辆汽车，居世界之最。想象一下，美国人开着车去上班，开着车接送小孩上下学，开着车去超市购物，又开着车到健身俱乐部的走路机上去减肥……他们的生活离不开车，没了车就像没了腿一般。

　　然而全球的石油储藏量在逐年减少。全球自1966年新油田被发现到达产油高峰期，之后一落千丈到现今。巴西2007年底宣布发现了新油田，石油公司并没有像发现新大陆那样召开记者会，向全世界大声公告。2017年，全球原油的日均消费接近1亿桶，正以三倍的速度消耗着新油田的产量。巴西新发现的那点油田，与消耗比起来简直是小巫见大巫，根本不值一提。这也就意味着，全球必须找到每天产油量高达20万桶的油田，才能在未来几年满足目前全球的消耗速度。所以，油价高企的道路正在向我们走来。

　　人们或许认为石油枯竭一说有点危言耸听，可石油爆炸性的需求是不争的事实。除了金融霸权炒作石油价格外，石油生产国，特别是欧佩克国家无法满足大量的需求，是未来全球石油面临枯竭的新威胁。2019年1月16日，中国石油集团经济技术研究院发布《2018年国内外油气行业发展报告》称，2018年中国的石油进口量为4.4亿吨，同比增长11％。从进口来源地看，中国海运进口原油前三大来源国为安哥拉、沙特和伊拉克，均属于欧佩克国家。

　　石油价格如同石油枯竭一样，同样严重影响着未来的石油市场，全球经济增长已无法匹配巨大的石油需求量。换言之，世界主要产油国很快将燃烧掉自产的石油，不再有足够的石油留给其他国家。就拿美国来说，它燃烧了世界上25%的石油，产出却不超过1/10。

　　不过一切商品的价值都由供求关系而定，这儿的"求"是指"有效的需求"，是人们负担得起的需求。供不应求时价格就会上升，而供过于求时，其价格自然下跌。供求关系的基本法则告诉我们，较高的油价应该吸引更多的供应商提供石油，同时扼杀需求。可是在当今的石油市场，供给和需求的法则却违背了经济理论的基本原则。全球石油需求增长的速度比油价上升的速度还要快，2008年创纪录的高油价（其中暗藏着炒作因素），似乎刺激了越来越多的石油消耗，证明高油价还无法扼杀高需求。

自2003年起，中国成为世界第二大石油消费国，仅次于美国，石油对外依赖度已由2001年的29.1%上升到2018年的69.8%。中国交通运输领域所消耗的石油，占全国石油消耗总量的比例在2020年可能达到60%以上。这完全是因为中国在金融霸权资本的"忽悠"下，继承了美国狂热追求物质生活的噩梦部分，就像当年英国向中国倾销鸦片那样，倾销着遭美国淘汰的各种商品，尤其是汽车文化和住房文化，中国的汽车销量才能从2009年1月份第一次超过美国，一月成为划时代的一个月份，中国变成了汽车消费大国。

中国在1975年以前，每年仅生产13.98万辆汽车，1985年产量也只有45万辆左右，然后上升到1992年的近100万辆。2006年，中国已成为世界第三大汽车（仅次于美国和日本）制造和第二大（仅排在美国之后）汽车消费国。2019年中国总共生产2780.9万辆汽车。值得关注的是，尽管汽车市场整体遇冷，但新能源汽车产销却仍保持高速增长。2018年，新能源汽车产销分别完成127万辆和125.6万辆，比上年同期分别增长59.9%和61.7%。其中，纯电动汽车产销分别完成98.6万辆和98.4万辆，比上年同期分别增长47.9%和50.8%。

能源短缺已成事实，石油资源尤其短缺。如果在全球石油资源面临枯竭之际，中国加速争当石油消费超级大国，那就正中了金融霸权的圈套。与持续膨胀的石油需求相比，中国原油的自给能力几乎达到了极限。如今，中国剩余的原油可采储量只占全球的2%，大约为24亿吨，按目前年产原油1.8亿吨来估算，十几年以后中国将面临石油枯竭的境遇。因为根据预测，到2020

年，中国石油年需求量将达到5亿吨，届时中国约有3.2亿吨的石油缺口。同时，中国进口原油总量可能超越美国，成为全球最大的石油消费国。到了那一天，历史就将轮回，中国很快便回到"贫油时代"。

因为随着能源大变局的到来，就历史的观点看，燃用石油制品的汽车，无论外形多么美轮美奂，都只能算是"尾巴工业"或"夕阳工业"。美国三大车厂通用、福特和克莱斯勒，就因为重点生产耗油的运动型多用途车（SUV）和小型货车（pickup trucks），受2003年和2008年间的能源危机影响，北美消费者对于这类曾经非常流行的车型望而却步，他们更倾向于购买高质量、低耗油的日本车和欧洲制造，三大车厂因此而陷入倒闭的境遇。

而为刺激中国汽车制造业销售额的下降，政府在2008年不得不降低汽车税，使中国汽车制造商在2009年1月创造出前所未有的销售佳绩。由此可见，能源也就是石油，是支撑汽车业发展的命脉。离开石油这一能源，汽车就是一堆"破铜烂铁"；离开了石油，高速公路就是一座座自然停车场。

事实上，导致油价起伏的因素主要有五点：

第一，石油越来越稀少，这是不争的事实。按照经济学的供求法则，任何商品一旦越来越少，其价格就会上涨。但是这一法则在油价上却不是那么简单，虽然石油是特殊商品，用光就没有了，但由于其定价权操控在金融霸权的手中，经常完全违背供求关系的法则，这正是油价忽上忽下的奥妙所在。

第二，当油价上涨到一定的程度，世界会变得越来越小。特别是当前，世界经济开始陷入衰退，贸易保护主义开始抬头，欧美的订单将不再发到人工低廉的国家，比如中国，因为低廉的人工优势无法与高油价抗争，航行在太平洋上的集装箱将变成一桩'削弱回报率'的买卖，许多产品将在本土自产自销（除非污染严重的工厂），以保障当地的就业，这也符合各国政客的利益。这也是奥巴马政府为什么主张修建高铁，巴菲特投资铁路运输业的原因所在。

第三，当油价上涨到一定程度，各国将加紧开发绿色能源，未来绿色能源可能替代部分石油，这也将导致油价下跌。

第四，油是以美元结算的，当美国需要弱势美元，油价便上涨，**而从长远来看，美国需要强势美元以维护其霸权地位，油价因此会下跌。**

第五，也是最关键的一点，纵观世界经济，从来就与政治息息相关。炒高油价原本是为了抑制中国快速发展，但没料到，油价被炒高却让俄罗斯大得其利，而在西方列强的眼里"两害相权取其轻"，俄罗斯经济强大对西方的危害要大于中国崛起，所以，**油价会视西方列强的需要忽而被炒高，忽而被炒低。**

为了应对国际石油价格剧烈波动给企业带来的经营风险，许多中国企业与金融霸权控制的金融机构签订了所谓"对冲风险"的石油远期保值合约——一种为中国企业量身定做的诈骗合约。此时不诈更待何时？只要中国抵挡不住诱惑，跨出发展汽车的第一步，那么这第二步你走也得走，不走就死在原地。这早就在他们的算计之内，不然怎么叫"谁控制了石油，谁就控制了所有国家"？

记得吗？中国汽车发展到2020年，每年石油需求量将达到5亿吨，中国自身可以开掘1.8亿吨，届时有3.2亿吨的石油缺口，除非中国能控制石油，否则就将被人控制。中国也确实意识到了威胁，在发展战略中首先提出走向全球，鼓励企业海外投资的策略，却令海外并购"创伤累累"。

因为中国海外并购是在争夺他国的经济利益，或者说是在与发达国家"争"资源，他们岂能轻易松手。有两起并购案先后夭折，足以验证"有钱并不都是爷"。

> 只有夕阳工业——汽车业，才会轻松地被送到中国，高科技产业和紧缺资源，人家是不会白白送上门的。

其一是中石油收购利比亚的石油资产，其二是中石化收购安哥拉的石油资产。从表面看，并购失败似乎是技术性失误，诸如公关、谈判技巧等，而实际上是金融霸权在背后操纵。只有夕阳工业——汽车业，才会轻松地被送到中国，高科技产业和紧缺资源，人家是不会白白送上门的。

就在2008年油价被炒高、抑制中国发展的节骨眼，眼看石油价格从2008年1月每桶冲破100美元，之后一路飙升至每桶110美元、125美元、135美元、145美元。那时，高盛的多位分析师与华尔街御用经济学家故意制造舆论，宣称油价将要突破200美元甚至400美元一桶。中国国航、东方航空和深南电等公司憋不住了，不是购买原油现货储存，就是着手与华尔街金融机构签订合约。等中国企业全部上套，一切也就尘埃落定。

截止2008年底，国航套期保值浮亏68亿人民币，为其过去两年利润的总和；东航套期保值浮亏62亿人民币，为其2007年利润的十倍，可谓损失惨重。事实上，所有企业都迷恋于降低风险，从而最大限度地扩大利润，但事情往往并不尽如人意。**长期以来，企业降低风险的机会极其有限，总是处于金融风险中。不仅如此，就算企业真的盈利了，那也必须以美元不贬值为前提，因为石油是以美元结算的。**因此，货币贬值就像上帝，令企业完全不在掌控之中。然而华尔街发明了对抗"上帝"的魔鬼——衍生工具。金融衍生品的发明意味着企业可以做对冲以降低经营风险。可问题是衍生工具不能完全消除风险，如果滥用，更可能导致企业破产。

就以中国企业深南电为例，为了抵御油价忽高忽低的风险，被最阴险毒辣的高盛集团设下陷阱。高盛的子公司杰润抓住深南电希望降低企业经营风险的心理，让深南电在油价被一路炒高的情况下，遭遇金融衍生品的暗害。对于高盛来说，与深南电所签的两笔合约交易，最多可捞上亿美元，最多亏损300万美元，因为高盛"赌"油价下跌。从影响油价忽高忽低的五个要素来看，高盛毫无疑问将稳操胜券：油价就是被他们炒上去的，不要说五个要素里有三个要素决定了油价下跌的趋势，再加上金融霸权掌控着定价权，要油价下跌简直小菜一碟。想"赌"赢高盛，简直是与虎谋皮。最终，深南电面临巨额亏损，被吃人不吐骨头的豺狼狠狠诈了一笔。

再说中国与北美的不同，北美人口少，土地相对广袤，而中国人口众多，又正在走向城市化，发展汽车弊大于利。**首先，发展汽车要建造高速公路，而建造高速公路必定要占用可耕地。**就以沪宁高速公路为例，沪宁公路长280公里，每修建1公里六车道的高速公路，就要直接占用优质农田约75亩，整条高速公路直接占用耕地约为21000亩；修建五条高速公路，直接占用耕地将达到10万亩以上（注意：沪宁一带基本以平原为主，修路占用的基本是可耕农田）。

其次，如果进一步计算高速公路修建之后将带给土地质量的损耗，其危害甚至比直接占用耕地更大。因为大批往返于高速公路的汽车会排出大量废气，如二氧化碳、氮氧化物，这些气体均来自内燃机的燃烧。汽车每消耗1万升石油燃料，将排放22.3吨二氧化碳，不但污染着公路两旁的土地质量，使农业用地失去价值，也污染着城市大气，危害城镇居民的身体健康。

目前除沪宁高速公路外的扩建工程已完成，原先的江南鱼米之乡会因此大为改观，"水泥巨龙"就将俯卧于稻谷粮田旁，其结果是粮食安全很难保障。展望未来，中国人口逐年增长，土地却逐年减少，而城乡居民改善生活对粮食的需求在逐步增长，以粮食为原料的食品工业和粮食加工工业也需要进一步发展，但中国自力更生保障粮食安全的国策不容改变。我们必须清楚，金融霸权的跨国公司控制了95%的世界粮食储备，定价权在他们手上，购买粮食需要美元。别忘了，"谁控制了粮食，谁就控制了全人类"。

《全国国土规划纲要（2016～2030年）》要求，到2020年、2030年我国耕地保有量要分别保持在18.65亿亩、18.25亿亩以上。自然资源部发布的《2017中国土地矿产海洋资源统计公报》显示，2017年年末，全国耕地面积为13486.32万公顷（20.23亿亩）。超20亿亩存量耕地面积的现状，似乎可以让外界较为宽心，但我国也曾经历过一段耕地面积过快减少的阶段——在2008年之前的11年里，中国耕地总面积减少了1.25亿亩。只是因为分散在各地，又用了11年的过程，所以并没有引起很多人的警觉。而中国粮食需求又呈刚性增长的趋势，对粮食储存的安全已经警钟长鸣。正是这一点给我们提出了一个问题：中国适合发展汽车吗？

随着改革开放，中国一部分人先富了起来，汽车在大多数人眼中成了身份和地位的象征，人们无法克制对汽车的强烈向往，似乎没人能抵挡这令人心醉神迷的力量。中国的报上曾有一篇文章，说"中国这些年经济发展迅猛，人民生活迅速提高，一个'中产阶级'正在形成，而'中产阶级'的标志是什么？就是和美国的中产阶级一样，拥有一套住房、一辆汽车"。

中国的迅猛发展有目共睹，但是"拥有一套住房一辆车"不是衡量美国中产阶级的标准。中产阶级的标准有很多，我们一般认为，2018年，中产阶级家庭的收入应在4万美元到8.5万美元之间。除了收入稳定、拥有一定的财富外，中产

> 是否拥有房子或车子，则完全取决于个人的喜好，取决于选择什么样的生活方式。

阶级群体还必须受过良好的教育，具有自由的意志和普遍的社会关怀。中产阶级之所以成为社会承上启下的中坚力量，并不单指钱包的大小厚薄，还因为具有"一定的知识资本与社会关怀"。至于是否拥有房子或车子，则完全取决于个人的喜好，取决于选择什么样的生活方式。在美国，好些人有房有车，可他们的财政状况可能已处在破产的边缘。

关于汽车，有些人可能还有一个观念，就是觉得一个地区的汽车越多，那个地区的生产效率就越高。哈佛有一份研究报告指出，在郊区或者中小城市情况的确如上所述，但在大城市却绝非如此。在人口超过100万的大城市，在汽车数量从无到有的初期阶段，生产效率的确成正比提高。可是在达到一定的数量之后，交通成本将会越来越高，渐渐地会抵消生产力的提高。**而随着汽车的进一步增加，就会和效率成反比，那时，整个城市就渐渐变成一个巨大的停车场，大家都动弹不得……**

有研究表明，北京因交通拥堵，每年人均损失近8000元。大多数人对很多事情往往是只知其一，不知其二。比如烟草工业，有好些经济学家说虽然吸烟对身体有害，但能带来巨额税收。不过据加拿大政府多年的计算，政府支付给因吸烟得病的医疗费，远远超过从烟草公司征收的税率；同样，鼓励私家车带来的经济收益，无法抵消由于交通堵塞带来的损失，更何况还有

石油、粮食这些重要的考量因素。目前北京、上海、杭州和广州这些大城市，交通堵塞极其严重，由此也验证了周总理的预测——中国不适合发展私人汽车。

当然，中国可以传承美国的开车文化，那种开车情结可能已超出了开车本身的意义。有人认为如今中国富裕了，美国人的生活方式中国人也可以拥有。难道只有美国人配住大房子、开大汽车，中国人只配过苦日子？因此，一定要和美帝国主义对着干！美国仿佛听到了中国人的呼声，他们倒也"慷慨"，你要车子我给你。于是，大量落后淘汰的汽车生产线被输送到中国，特别是美国境内和欧洲市场绝无销路的高油耗大型车——悍马，在中国出奇的热销。美国三大车厂在本土苟延残喘，中国人因此兴高采烈，中国一家企业甚至还要争购悍马品牌。如果悍马真那么好，美国人为什么卖掉？

我们必须认清，美国狂热追求物质的信贷消费，是建筑在极端消耗能源、特别是廉价石油的基础之上的。由于地球资源有限，随着油价高企向我们逼近，美国首创的信贷模式也玩不转了。通用汽车已经为其连续失策付出了代价：悍马、萨博和土星2008年税前亏损高达11亿美元，悍马2009年头两个月的销售也创下新低，只卖出2275辆。随着环保意识的大幅提升，悍马的形象一落千丈。连酷爱悍马的前加州州长施瓦辛格，为了政治生涯也只好忍痛将宝贝悍马（八辆）一一变卖，以混合动力小型车代步。

既然全球的经济模式、特别是北美人奢侈的生活方式全都依赖石油的流动，并且以低油价为基础，从喝咖啡、享受郊外的大房子，到开大车、驾驭每天的日常生活，而石油这稀有之物又日益减少，很少有替代品，价格必然会上涨。当三位数的油价再次回到我们的生活，对中国的加工出口是毁灭性的打击。

近期处于萧条期的富裕国家对石油的需求在下降，并不等于富裕国家对石油的需求永远停滞不前。一旦金融市场的各种危机尘埃落定，经济恢复启动，油价定将发生变化。因为经济活动与能源的需求肯定齐头并进，想要经济增长就一定要消耗能源，这就是为什么石油储藏量威胁着全球经济的原因。当萧条过去之后，以廉价的石油保持经济增长、继续我们熟悉的生活将变得越来越困难。2008年衰退前油价供求不平衡，每桶接近150美元。等进入下个周期的衰退前，不平衡的现象可能还会再现。

因此，北美人的生活方式也将随之改变。当开车的花费高到一般人无法承受时，驾车次数自然会减少；当咖啡、汽油、电脑等价格都上涨时，人们就会减少支出，而当人人都减少支出时，华尔街御用经济学家定会嚷嚷：人人都减少开支不消费，经济又要陷入衰退了，赶快消费呀！完全是一派胡言。

按照经济学的供求法则，任何东西只要价格一上涨，需求自然减少，一旦需求减少，供给便会增加，供过于求时，价格也就随之下降，这样一来，人们就又可以享受低价商品了。但是这次行不通，因为石油是特殊商品，不仅用光就没有了，而且定价权全都操控在金融霸权的手中，完全违背了供求的法则。他们早已撒下大网，控制了石油、粮食、美元货币的发行。比如不可能再回到每天只消耗200万桶原油，因为中国经济的整个摊子，拜霸权资本"所赐"，全都铺开了。

那么中国是否真就无路可走，跳不出圈套了？别急，北欧经济模式还是可以拿来借鉴的。

过去40年来，华尔街鼓吹的提前消费、借贷消费的经济模式出现了根本性的问题。这种过度消费的经济模式，把地球生态推向了绝境。由于许多国家向这个模式看齐，气候变化了，洪水、干旱和森林大火越来越频繁；人类面临淡水短缺、表层土地受腐蚀和自然物种减少的威胁。人们赖以生存的生态环境受到了严重的损坏。全球科学家几乎同声惊呼：人类自身必须为此负全责。因此华尔街的旧模式一定要破，新模式一定要立，俗语说"不破不立"，只有破旧，才能立新。

> 华尔街信贷消费极大扭曲了供求法则，使其能够炒作股市和房市，便于金融霸权趁资产泡沫掠夺各国财富，尤其是中国。

　　金融霸权之下的华尔街金字塔模式，不仅害惨了美国人民，也害惨了中国乃至全世界的普通百姓。华尔街信贷消费极大扭曲了供求法则，使其能够炒作股市和房市，便于金融霸权趁资产泡沫掠夺各国财富，尤其是中国。可以说，中国改革开放40年，被金融霸权从各个领域掠夺了40年。

　　金融霸权借助外国资本挺进中国，"协助"中国金融改革捞了一大票，更绝妙的是他们打着解决中国就业的旗号，靠剥削中国工人的劳力，开辟了一条依赖于美国的出口导向型经济，拉高了GDP的增值率，使美国政府能像当年吃住日本那样，以中国工人用血泪换取的外汇储备，通过低回报的债券形式又流回美国（大量购买美国政府债券）；美国政府为减轻债务负担竟然不顾脸面，使出耍赖的手段频频贬值美元，令中国资产大幅"蒸发"；美联储趁机大量印制美元并降低利率，听任美元进一步贬值，并不断制造舆论，期望通过中国乃至整个世界的"通胀"帮助他们稀释债务；但另一方面，为了保值美元资本和追逐利润，以华尔街为首的金融机构纷纷投资全球房市，包括中国，炒高中国房市又大捞特捞；为了更大的利润，美联储与华盛顿逼迫人民币升值；一旦美国经济喘过一口气，美联储调高利率，全球资本必将回流至美国，中国的房市、股市必定遭殃……

这一切都提醒着中国，帝国的亡我之心不死，在今后的中美金融战中，随着中国国力的不断提高，中国应充分发挥后发优势，摒弃华尔街提前消费、信贷消费的模式，抵制以化石燃料、煤、石油和天然气为基础的"黑色"经济，发展新的绿色经济，以可再生能源取代化石燃料、节约能源、高效使用能源；抵制信贷消费，提倡老祖宗留下的传统美德，勤俭持家、艰苦创业：企业鼓励发明创新，国家兴办教育、培育新人，使中国经济跳出金融霸权布下的天罗地网，确保国家经济真正可持续发展。

摆脱GDP的紧箍咒

地球气候的变化，已然成为21世纪全球面临的最严重的挑战之一。由于全球气候变化造成频繁的自然灾害和温室效应，使太平洋地区数十个岛屿面临消失，譬如南太平洋的岛国图瓦卢难逃第一个沉入海底的厄运；今后数年环境继续恶化，可能迫使某些地区人口大迁徙；因大力发展生产各国争抢能源，又将导致世界经济和政治的大动荡。

因此，人类已经到了抉择的关键时刻：是选择经济快速发展，还是选择修复地球留给我们的生存空间？而壮士断腕的痛苦选择，首先必须看清GDP的误区。

GDP（国内生产总值），或者说国内总收入，是衡量一个国家整体经济表现的标杆。简单说来是一个国家一年内所有产品和服务的市场价值。而确定GDP通常有三种方法，所有这些方法原则上都给予同样的结果，它们是产出法、收入法和支出法。这三种方法中最直接的是产出法的计算，它综合了每一级企业产出的总和。

> 如果经济活动的目的是为了生产保持人类整体生态可持续增长的生活标准，那么GDP就是一种悖逆的衡量方法，因为GDP没有将贫富之间的收入差距计算在内。

如今，GDP已广泛被经济学家作为衡量一个经济体是否健康的标准，因为GDP能比较快速地确定一个经济体的相对变化。然而GDP作为衡量生活水准的指标，却被认为是有限的。GDP的衡量标准往往与生活水平成正相关，因此受到了越来越多国家的质疑。不仅如此，如果经济活动的目的是为了生产保持人类整体生态可持续增长的生活标准，那么GDP就是一种悖逆的衡量方法，因为GDP没有将贫富之间的收入差距计算在内。

国际上通常用基尼系数来衡量民众之间的收入差异程度，其数值在0～1之间。按照国际标准，基尼系数在0.2～0.3之间，表示收入状态比较平均；处于0.3～0.4之间为相对合理；超过0.4为警戒状态，表示收入差距较大；达到0.6以上则属于危险状态，表示收入差距悬殊。中国1978年的基尼系数仅为0.317，而目前据估计已经到达0.55以上，超过了国际公认的警戒状态。

事实上，短期内收入不平等比率的上升，可能影响长期收入不平等状态下降的速度。众多诺贝尔经济学奖获得者一直在争议：大到国与国之间的贫富悬殊，小到个人之间的收入不平等，贫富差距因素已成为困扰经济长期增长的重要原因之一。

据《麦肯锡2019年奢侈品报告》显示，2018年中国人的奢侈品消费总金额竟高达7700亿元人民币，占据了全球奢侈品消费总额的三分之一。中国富人也最爱喝茅台，几万元一瓶的茅台酒更是抢手货，越贵销路越好。中国富人购买奢侈品的心理，倒并不在意商品本身的价值，而在于一个"贵"字，越贵面子越大，也越能体现他们的成功。

很不幸，国际上通常把赤贫线划在每天日常生活支出为3.2美元，贫困线为5.5美元。中国13亿人口中，每六人就有一位赤贫，而生活在贫困线以下的人则更多，占了全国人口的49%。可见，中国的贫富两级已经形成。如今，贫富差距已危及到剥夺贫寒子弟公平就业的机会。比如上海静安区某重点中学在一则招聘广告上公开宣称，应聘者必须拥有静安区的房产，如若不然，应聘者入职后还要为房子费尽心力，就不适合岗位的要求。

从表象看，这一事件似乎是对贫穷者的歧视，房价过高使初出茅庐的学生因买不起房，而无法应聘喜欢的工作。众所周知，人才是社会发展最宝贵的人力资源，仅仅因为无特定地点的房产，便不能应聘相应地点的工作，其实是一种浪费社会资源的犯罪行为，对教师尤其如此。但追根溯源的话，问题出在GDP这儿。国内一些地方政府的某些官员，似乎非常看重、依赖房地产业，因为房地产的发展给他们带来了鲜活的GDP增长数据，有了GDP的高增长，才有所谓的政绩。

再以上海为例。邓小平总设计师于1990年拍板，定下浦东为出口加工区、高科技园区和保税区，实施比特区更优惠的政策，因此吸引了全球500

强的总部纷纷进驻陆家嘴。然而好景不长，随着房价暴涨，浦东已名副其实地成为全中国最昂贵的地块。2005年，在外滩对岸陆家嘴的滨江大道，汤臣推出12万人民币一平方米的豪宅，连带着附近的楼盘均价也到达4～6万人民币一平方米，使中小型企业无法承受，导致陆家嘴券商纷纷搬离浦东的高级办公楼。小型的就不说了，大者如东方证券总部，已搬迁至一江之隔的黄浦区，而光大证券上海总部搬至了静安区。此外，更多企业落户上海的闵行区、松江区，甚至周边长三角城市，俨然新一波的集体搬迁潮。

特别要提一提上海的英特尔。英特尔1994年11月进驻浦东外高桥保税区，是第一家开设大型生产企业的外资公司，而2010年第一季度，英特尔决定彻底关闭上海工厂，全厂搬迁至成都。"撤离"上海滩之后，至少1200名员工要失业，涉及了1200个家庭！这些失业人员的房贷怎么还？孩子怎么抚养？新工作有眉目吗？

英特尔的搬迁完全是因为上海日渐上涨的地价。与上海相比，成都的人力成本与土地使用成本都便宜得多。英特尔作为外资企业，在中国办厂本就是受到廉价劳动力的驱使，如果上海连这一点优势都失去了，英特尔当然选择搬迁他处。并且，由于英特尔的半导体工厂属于密集型产业，所以英特尔的搬家也推动了上海其他企业的新战略，纷纷搬出上海，随英特尔迁入成都。一起搬迁的至少有少百家企业，大致分两类：一类是英特尔的全球供应商，另一类是专做英特尔的上海供应商或物流。作为巨头的英特尔，做出这么大的决定，自然是牵一发而动上海全身。

由此可见，无论是工厂大迁移，还是券商迁出办公楼，虽然意义各异，但结果是相同的：提高土地价格似乎提高了GDP的增长率，却对国家的市政建设和企业扩大再生产产生了巨大的不利因素。因为成本提高了，炒作房产盈利更大，谁还愿意发展生产？

另一方面，GDP计算将未提供给市场的经济活动排除了。譬如主妇的家务劳动或义工的无偿服务。在美国，无偿服务大多是在不收费的软件

> 提高土地价格似乎提高了GDP的增长率，却对国家的市政建设和企业扩大再生产产生了巨大的不利因素。

（如Linux）中进行，与GDP贡献无关。但是按商业公司的估算，无偿服务的价值超过了10亿美元，这一价值被GDP低估。而从官方的GDP估算中，地下经济这一有价的生产也被忽略不计，例如非法贸易或逃税活动，也因此导致GDP被低估。

还有许多不直接以金钱计算的经济活动，也被GDP所忽略，造成不准确或GDP数字低估。例如国家发生的非正式的主要商业交易，因部分地方的经济部门不易注册，又或者以货易货的交易比直接用金钱来得更方便，甚至延伸至服务领域（比如在中国农村，十年前我出劳力帮你盖房子，现在轮到你帮我了），而这些经济活动往往很难计入GDP。

有时，高GDP所体现的却是一种低效率和浪费。比如GDP忽略了对商品质量的考量。人们可能一遍又一遍地购买低价、不耐用的商品，而较少购买贵重的高耐用商品，因此货币价值体现在第一种情况的比率要高于第二种，就此低估了真正的经济增长。举例说，今天的电脑比以往更便宜，功能也比以往更强大，但GDP却只按货币价值来计算相同的产品，而忽略了商品质量改进后新产品的价值。事实上，新产品的推出也难以准确地衡量GDP，尽管新产品提高了人们的生活水准。例如20世纪初，最富有的人也无法购买抗生素和手机，可如今就是普通的消费者都能买到这样的现代产品，因为早

些年这些产品根本就不存在。

另外，GDP的计算，还包括不产生净值的变化或灾难造成的重建数据。例如战争或自然灾害的重建，提高了GDP的经济增长率；医疗保健则是另一个典型的体现经济价值的例子，H1N1甲型流感侵袭全球后，世界各国都采取了免费接种疫苗的措施，各国的医疗费用也随之而提高，GDP的增长当然水涨船高。

此外，GDP从来不能衡量增长的可持续性。比如一个国家可能因过度开采自然资源而实现高增长，或因为投资错误分配使GDP高速增长。例如，大量的磷酸盐矿床曾经使瑙鲁成为地球上人均收入最高的国家之一。然而自1989年瑙鲁的磷酸盐耗尽之后，他们的生活水平急剧下降。

像石油资源曾经一度丰富的迪拜，完全不发展高科技产业以及其他实体经济，而是学美国，靠金融和房地产拉动经济，以低个人储蓄率和高消费带动了虚假的GDP高增长，将迪拜从沙漠上高高地托举起来，无数美轮美奂的建筑脱颖而出：比如举世无双的独立建筑迪拜塔、天上"云"飘飘、充满活力的"跳舞塔"、辉煌的"迪拜复兴"、绚丽的"迪拜珍珠"、古典的"迪拜金字塔"、尖利的"阿拉伯尖刀"和"达·芬奇旋转塔"等。这座繁荣的海市蜃楼和奢华的世界之都，最终引发了一场信贷危机。

迪拜的"辉煌"告诉我们，以抵押未来换取眼前短暂的GDP增长，迄今为止都不是可持续发展的，都将导致崩溃。超级强国美国靠房地产拉动经济，结果引发1989年和2007年两次崩盘；经济强国日本靠房地产拉动经济，20世纪80年代末创下整个东京的楼价可以买下整个美国的神话，但一夕之间房价垂直下跌，经济整整萎靡了20年，至今依然萎靡不振。

　　而估算GDP增长的主要问题，是货币购买力在不同商品上所占的不同的比例。当GDP的数字随着时间的推移贬值之后，GDP的增长在很大程度上要由所使用的商品篮子减去相对比例GDP贬值的数字而决定。打个比方，在过去的80年间，如果以马铃薯的购买力来衡量美国的人均GDP，并没有显著的增长。但如果以鸡蛋的购买力来计算的话，就增长了数倍。为此，经济学家通常使用不同的商品篮子来比较不同的国家。

　　另一个计算GDP价值的错误，是来自存在于跨国界商品质量的差别，哪怕经过购买力平价的调整。因为在比较跨国购买力时，会出现寻找类似商品篮子的困难，使这类调整具有汇率的争议。例如，生活在A国人民消费梨子的数量与B国的人相同，但A国的梨子比B国的更清甜。这种材质的差异决不会出现在GDP的统计数字里，尤其是住房，是不可能放在世界市场上做交易的。因此，跨边境转让定价的贸易，就有可能扭曲进出口贸易的真正价值。

　　最最重要的一点是，在发展生产的过程中给生态系统造成的损失，也没有计算在GDP之内。由于GDP夸大了对经济福祉的计算，忽略了外在性的损失，在高度依赖资源开采的国家生态足迹里，其GDP和GPI之间的差距可能非常大，比如清理漏油的费用被包括在GDP的计算之内，但环境恶化的成本却并未计算在内。

　　特别是在20世纪90年代，世界银行和国际货币基金组织策划了一套政策，与美联储一起跟华盛顿达成共识，包括放松银行管制和市场自由化、私有化和缩小政府规模，强调GDP增长率，然而GDP增长对整个经济、社会、政治和环境可否持续发展，是否真正有助于提高人民的生活水平的问题，却遭到了严重的忽视。

中国就是从20世纪90年代初开始，因为躲在幕后的掠夺者过分吹棒GDP增长率，加紧了世界工厂的步伐。已有分析表明，由于经济强国只考虑自身利益，世界银行的政策反而增加了贫困，损害了环境和公共卫生及文化多元化。

世界银行总裁罗伯特·左易克（Robert Zoellick）曾经是高盛集团的常务董事，他于2007年5月经小布什任命，通过世银董事会的批准，同年7月正式走马上任，成为第11届世界银行总裁。人们或许要问，世界银行代表着184个国家，为什么总裁要由美国总统命名（名义上须经其他成员国同意），而且必须由美国公民担当？高调提倡民主的美国，在这点上却牢牢地掌握着独霸权，无

> 经济强国的经济利益才是世界银行的首要业务，这一点早在20世纪60年代就暴露无遗。

论如何都不肯松手。为什么？因为世界银行是由少数几个经济强国掌控并管辖的，是美国和西方国家的工具。经济强国的经济利益才是世界银行的首要业务，这一点早在20世纪60年代就暴露无遗。

美国总统约翰逊于1968年任命罗伯特·麦克纳马拉（Robert McNamara）为世银总裁。麦克纳马拉担任世银总裁之前，履历从哈佛MBA、哈佛商学院助教、福特公司总裁到第8届美国国防部长，事业很辉煌。这里不说麦克纳马拉作为国防部长是如何化解了古巴的导弹危机，如何指挥了越战，着重要说的，是麦克纳马拉作为福特汽车总裁和世银总裁的表现，揭开世银运作的真面目。

麦克纳马拉进入福特公司，可以用临危受命来形容。当时福特濒临破

产，麦克纳马拉从规划部的经理做起，并兼职财务分析，他运用哈佛学来的削减成本和控制成本的技巧，首先改革与管理福特行政混乱的局面，并注重新车型的研究与开发，使福特摆脱了第二次世界大战后濒临崩溃的厄运。可是很奇怪，自麦克纳马拉1968年当上世银总裁后，他一改世银扶持贫困国家的政策，将贷款的目标转向大项目：建造学校和医院，外加大规模的农业改革。**因为只有让贫穷国家上了大项目，西方国家才有利可图。**

为此，麦克纳马拉建立了新的系统，专门收集潜在借款国家的信息资料，以便银行加快贷款审批的过程。为了筹集贷款量增加所需的资金，麦克纳马拉命令财务总管尤金·罗伯格（Eugene Rotberg）到北部以外的银行（此前银行资金的主要来源）去寻求新的银行资金来源。罗伯格便将全球债券市场大幅增加的资本金额提供给世界银行。随着扶贫贷款的迅速崛起，第三世界国家的债务发疯般地加重，可谓越扶越贫。巨额的债务使这些国家被卡住了脖子，永世不得翻身。更可怕的是从1976～1980年，第三世界债务的年均增长率为20%，这些穷国家只能像奴隶一般听任富裕国家的摆布。

世银由少数经济强国内部治理、缺乏透明度的管理方式，引起了贫穷国家的强烈不满。这一世界金融体系既不公平，也不民主。既然知道它不公平和不民主，是否可以重新修订呢？答案很简单；不能！因为美国不同意。美国有权说"不"，因为世界银行和国际货币基金组织，是由当年的布雷顿森林体系衍生而来，投票的学问很大。全世界各国将根据银行股票的份额得到加权票，美国独占16%。在遇到重大事项表决时，美国的优势显露无遗。

那么中国是否可以联合其他国家，把投票权加在一起？这样总能超过16%掌握主动了。还是不行！宪章里有一条规定：但凡遇有重大的事项，比如修订章程，必须以85%的票数才可获得通过。哪怕全世界的国家全部联合起来也没有用，美国一票便能定胜负。这就是世银和国际货币基金组织（布雷顿森林体系）的奥妙所在。贫穷国家只有被任意宰割的份！

但是哪里有剥削，哪里就有反抗。为了抵制美国和西方的霸道行为，南美七个国家成立了南方银行（Bank of the South），目的就一个——最大限度地减少美国在那一地区的影响力。

认清了世银的本质，高盛的常务董事做了世银总裁（掠夺他国财富，控制世界经济）也就不奇怪了。左易克可谓久经沙场，之前曾担任过多个政府要职，包括美国贸易代表（为美国总统制定贸易政策，代表美国政府进行双边或多边的贸易谈判）、美国首席助理国务卿（负责外交事务），是个非常活跃的人物。左易克在北美经济论坛会上，被记者追问中国是否打算减少购买美国国债，左易克一听，立刻警告：“中国任何突然单方面的行动，都可能进一步恶化全球的金融局势。”

左易克唯恐讲得不够明白，接着补充：“随着时间的推移，我想中国今后可能会将外汇储备多样化，但我们必须指出中国对维持其汇率兑美元一直非常敏感，你不能那样做（不购买美国债券），除非你不买美元，如果你买美元就必定持有美元证券。所以它体现出一种真正的共生的关系……在这种环境下，如果你的保护主义爆发，不管表现在哪方面，或者是对金融市场产生疑问，这些因素都能使脆弱的局势和情况变得更糟糕。”

由此可以看出，左易克捍卫美元为全球储备货币的立场毫不掩饰。他的潜在之意就是中国被我们绑架了，你买（债券）也得买，不买也得买，没有第二条路，中国必须借钱给美国；全球经济的恢复必须靠牺牲中国的利益来拉动（美元疲弱，人民币升值，中国外贸出口便下降，给美国企业创造就业机会，同时中国的美国资产——债券，也由于美元疲软而贬值）。

美国深知舆论的重要性。身为世银总裁的左易克根本无视他国的利益，利用世银总裁的身份在全球制造舆论，而维护的只有美国的利益，更准确地说是金融霸权的利益。

在强调GDP增长率的阴谋策划下，这一极富缺陷的指标长期以来竟被各国作为衡量宏观经济倚重的指标，使各国尤其是中国付出了惨重的代价。GDP对中国的危害显而易见。

> 由于GDP被普遍视为有益的和必要的，越多越好，在过去的GDP增长中，给全人类带来了一个危险的生存环境，还带来了广泛错误的市场信号，包括价格。

由于GDP被普遍视为有益的和必要的，越多越好，在过去的GDP增长中，给全人类带来了一个危险的生存环境，还带来了广泛错误的市场信号，包括价格。因为价格的制定并没有把环境成本和健康成本反映在子孙后代的需求上，也没有将民众的教育程度以及幸福感计算在内。

从生态角度来看，随着GDP的增长，环境破坏的程度肯定随之增加，这一关系隐含在简单固有的事实中——衡量GDP的标准，是根据消费的增长而定。说得透彻点，GDP是造成环境恶化的罪魁祸首。鼓吹GDP高速发展的模式，已使中国变成了全球的垃圾场，生态环境严重失衡。湿地正在迅速消失，入侵物种也在制造更大的危害，中国森林覆盖率仅为16.5%。最可怕的是中国有越来越多的绵羊、山羊和奶牛，正在追逐着越来越少的草原，是毁灭中国北部、西部省份植被和土地变沙漠的根本原因。比如在相同规模的牧场里，美国仅有900万头绵羊和山羊，中国却有3.66亿头羊。过度砍伐、过度耕种和过度放牧，令土壤变得极差，使30%的土地受沙漠化威胁，4亿人的健康无法得到保障，每年造成的直接经济损失高达4亿美元。

中国20世纪50年代土地沙漠化面积只有15.6平方公里，到了千禧年几乎翻了一倍，达36平方公里。再过50年，中国北部和西部将有24000个村庄被流沙淹没，逼迫人们离开故土远走他乡。而荒地变成的沙、尘埃和热空气强风，将吹及全中国，甚至逼近洛杉矶。过去几年频繁的沙尘暴，已充分证实中国沙漠变荒地的严重程度。

2019年中国水资源量为2.8万亿立方米，而中国人均水资源仅为2200立方米，只能达到全球平均水平的1/3。据数据显示：自2013年起，生活污水排放量持续增加，从2013年的485亿吨增至2017年的571亿吨，复合年增长率为4.2%。自2013年至2017年，中国工业废水排放量呈下降趋势，主要由于产业升级及政府在工业污染防治方面的持续努力。工业废水排放量自2013年的210亿吨降至2017年的191亿吨。基于城镇化、人口增长及经济发展的持续趋势，自2017年至2022年，预计生活污水排放量将以3.4%的复合年增长率增长。与之相反，随着政府持续推进工业节水及工业废水零排放项目，估计工业废水排放量将于2022年进一步降至171亿吨。

而中国的"母亲河"长江，正在重复英国泰晤士河的悲剧：数亿吨沿岸泥沙被河水冲走，古森林急剧减少；长江的白鳍豚、中华鲟、刀鱼、鲥鱼已趋于灭绝。长江的污染程度远远超出人们的想象，她的生命力正在消失。

事实上，传统的资本经济活动从早期英国第一次工业大革命开始，长期以来，总是忽略计算自然资源和生态系统的成本，大自然的"报复"也是触目惊心的，只要回头看一看英国的泰晤士河，就可以预测中国将要为GDP增长付出何等的代价。

19世纪前，泰晤士河河水清澈，鱼虾成群，河面飞鸟翱翔，被誉为英国的"母亲河"。伦敦居民2/3的饮用水都从泰晤士河汲取而来。随着工业革命的兴起，无数工厂沿河而建，工业废水和生活污水未经处理，便大量地流入泰晤士河，水质严重恶化。加之沿岸垃圾污物堆积如山，泰晤士河成了伦敦一条排污明沟。

当时英国政府修建了拦截式的地下排污系统，还修凿了与泰晤士河平行的下水道。这套系统对伦敦污染起到了抑制作用，不过把市区的污染问题转移到了伦敦下游的河口处。于是，英国政府又斥资在河口处建造了污水仓库，把污水存储起来，等退潮时再将污水排入河流。

进入20世纪50年代末，随着伦敦人口的激增，泰晤士河水中的含氧量几乎为零，鱼类几近绝迹。美丽的泰晤士河变成了一条"死河"。从20世纪60年代起，英国政府通过立法，对直接向泰晤士河排放工业废水和生活污水作了严格的规定。经过将近20多年艰苦整治，耗资20亿英镑，"沉寂"了150年的"死河"才焕然一新，变成世界上最洁净的城市水道之一，河中鱼类已恢复到一百余种，但整治的代价何其巨大！英国的政治家约翰·伯恩斯曾说，泰晤士河是世界上最优美的河流，"因为它是一部流动的历史"。

中国约1/4的省份面临严重缺水问题，联合国统计局评定相关省份人均年均淡水资源量少于500立方米。随着城镇化人口的增加以及污染情况，用水需求不断增长，水资源短缺问题愈发严重。

如果世界各国再听信GDP的忽悠，全球缺水问题将更突出。现在全球每三人中就有一人缺水，影响了世界20%的人口和30个国家；到2025年，全球就将有30%的人口、约50个国家面临缺水危机；如果人类还不懂得节制，要GDP而不要生存，到2050年，全球将会有1/5的人口苦于严重缺水，有32亿人因缺水而没有食物。霍乱、疟疾将再度肆虐各国，到时全球将有大规模的物种灭绝，近1/3的人因缺水而变成难民。可以说，人类已到了生死存亡的关键时刻。

很不幸，中国已被联合国列入全球13个缺水的国家之一，平均每人可得到的水资源仅为全球平均的1/4。为了追求GDP而丧失最宝贵的人力资源和生存环境，岂不是应了那句"皮之不存，毛将焉附"的成语？

中国应该丢掉GDP的紧箍咒，彻底挣脱金融霸权布下的网络，抵制华尔街提前消费、信贷消费的模式，回归简朴自然，找回人与人之间最单纯、最可贵的信任与互助情怀，从而告别奢华和物欲横流的生活。

拒绝高利贷

中国向来就有"量入为出，开源节流；集腋成裘，聚沙成塔；一分耕耘，一分收获"的古训。几千年来，中国百姓过日子，无不遵循古老的传统，可现在，中国的发展模式紧跟美国，华尔街以不劳而获为诱饵，使广大民众放弃储蓄，"用明天的钱圆今天的梦"的信贷消费，在中国也大行其道——贷款买房、买车。

我们应该清楚地认识到，华尔街之所以推出信贷消费的模式，就是为了扭曲真实的供求关系这一经济法则，以达到掠夺公众财富的目的。所谓"用明天的钱圆今天的梦"，听上去非常诱人，令广大民众纷纷去追求奢华的物质享受，其结果却往往是用明天的钱来产生今天的泡沫，令民众必须支付更高的代价，才换来奢侈的"享受"（贷款购物必须付利息）。其中，信用卡消费令华尔街信贷消费模式到达了登峰造极的地步。

今天的美国人在华尔街鼓励提前消费、信贷消费的模式下，不但政府欠着巨债，普通老百姓也高举债务。因此，美国民众面对邮箱里纷至沓来的信用卡已习以为常，使用信用卡在日常生活中几乎不可或缺，大有"一卡在手，走遍天下尽无忧"之便利。

凡事都有两面性，信用卡也不例外。试想，一张小小的塑料卡，既能当金钱，有时还可替代身份证，对于善用它的人来说，就处处是优点；如果使用不当，麻烦也不断。说得夸张一点，一旦掉进信用卡陷阱，想挣脱，何其难！

所以，当信箱里躺着Pre-Approval（预先核准）的信用卡时，美国人处理它的方式也因人而异。那些曾经的购物狂会拿起剪刀恨恨地将其拦腰一剪，马上扔进垃圾桶；涉世不深的大学生就会兴高采烈地拨通发卡机构，要求立刻生效以便使用；而有些人既不恨也不高兴，将卡随手一丢，不几天也就忘了。不管人们以何种姿态处理信用卡，大家是否想过，信用卡是如何发明，是怎样走进千家万户，又是如何影响着人们的生活，以至于整个社会以及全球的消费习惯呢？

Credit Card（信用卡）其实就是一种信贷。信用（credit）一词来自拉丁文，是"信任"的意思。3000多年前，信贷在亚述（亚洲西部的古国巴比伦和埃及）首次开始使用，到了14世纪，由于频繁的商业活动和经济的发展，汇票——钞票的先驱建立了。那时，债务大多是以1/3的现金和2/3的汇票结算的，使用纸币已是17世纪之后的事了。

当人类的商业活动发展到18世纪，一种新兴的职业——推销员诞生了。早期的推销员主要遍布于衣饰店，以推销服装换取微薄的周薪。为了方便记录或计算客户购买物件的数量以及付款和赊账的状况，推销员在买卖过程中，就用符节（Tally）的正面来记录赊账数额，另一面则记录付款的数额。于是，Tallymen（推销员）这个词一直沿用到20世纪初，后来才改称Salesmen，符节这种早期信用赊账的购物雏形就此建立。据《大英百科全书》记载："信用卡起源于美国20世纪20年代，个别行业，比如石油企业和连锁酒店发放信用卡给他们的客户……"

在1920年，在一种类似金属徽章的筹码上写有"先购物，后付款"的购物牌——赊账购物系统被引进美国。当时美国的一些商店和饮食店为了招徕顾客、推销商品、扩大营业额，便选择性地在一定范围内发放信用筹码给顾客。不过，购物牌仅限制在发行的商号或汽油站凭信用筹码购赊商品，并按期付款。这就是信用卡的前身。

据说第一张信用卡是餐饮俱乐部（Diners Club）发行的，这张卡的发明者是餐饮俱乐部的创始人弗兰克·麦克纳马拉。有关他的发明，网上流传着不同的故事，都与吃饭紧密相关。后来，他的信用卡公司便用了与吃相关的名字。

故事是这样说的。一次弗兰克请客吃饭，却偏偏忘了带钱夹，付账时尴尬万分。通达的老板解围说："我知道你信誉一向非常好，下次来一起付吧。"这起意外使弗兰克得到了启发，他和朋友施耐德合作，在纽约创立了"餐饮俱乐部"，为200名会员发放证明身份和支付能力的小卡片，拥有这张小卡片，便能不需带现金在纽约27家饭店用餐，到时只要和餐饮俱乐部一次性清账。这个网络就是后来的餐饮信用证公司，也是第一家信用卡公司。

这种以每个月结清全部欠款的方式，从技术上来讲只能算是收费卡，而非信用卡。信用卡的信息时代，是从1970年标准磁条建立后才开始的。但磁条是20世纪60年代初的产物，由伦敦交通管理局首先安装了磁条系统，到了20世纪60年代末，美国旧金山湾区捷运局也安装了磁条系统，并用硬纸做成与信用卡尺寸相同的通行卡，磁条信息时代便由此开启。正因为磁条技术的推广使用，信用销售商品与服务才能畅通运行。

然而，就像今天的中国一样，信用卡走进美国千家万户，是有一个漫长的过程的。在美国，信用卡发展至今——信贷消费额达17000亿美元，这一步总共走了50多年。

自1958年，第一张真正的信用卡Bank Americard在美国被广泛发行（1959年允许慢慢支付信用卡余额，1977年改为Visa卡）。19世纪60年代初，信用卡的广告大多面向在外旅行的推销员，目的并非真正信贷。广告商"一卡在手，简便旅行"的口号，一夜之间就使美国运通和万事达取得了巨大的成就。

当信用卡发展到19世纪70年代中期，赚钱图利的目的开始取代了方便携带与流通的初衷。由于信用卡行业竞争激烈，信用卡商往往以提供奖励等手段来吸引新用户，譬如累积飞行点赠送免费机票和礼券，或返回现金（根据年消费额每年最高有1%的现金反馈）。然而，面对信用卡高额的罚款利息，那种奖励也就显得微不足道了。

凡事都要从小抓起，信贷消费的习惯也要从小"培养"。信用卡商为了图利，邮寄大量的宣传广告给涉世未深的大学生，甚至在大学门口摆摊位，以赠送各种礼物为诱饵，诱使还未踏上社会的大学生入套。只要一上钩，这些少不更事的年轻人少则十年、二十年，多则一辈子，都将深陷信用卡陷阱而无法脱身。

现如今，美国的这套宣传手段已蔓延至中国。2017年8月，全国大学生信用大使联盟及中国人民大学信用管理研究中心联合发布的《2017中国大学生信用现状调研报告》（简称《报告》）指出，如今有22%的大学生使用过分期消费。大学生本无收入来源，一切费用均来自父母。由于发卡银行为追求发卡量，不负责任地在各大学向大学生发放信用卡，而在校大学生根本无法负担3000～5000元的可透支额度，最终还是要由父母为其超额消费买单。最为恐怖的是一旦养成信贷消费习惯，上当入套在所难免。信用卡商诱使年轻人上钩的惯用手段，无非是以下这几种：

陷阱之一：欠信用卡没关系，毕业后一定能还清欠款。

当年"先购物，后付款"的口号发展到今天，变成了诱惑美国年轻一代，特别是18～24岁的大学生放开手脚信贷消费。毕业后五位数年薪的前景，足以诱使年轻学生掉进透支的陷阱而不自知，使大批学生还未走上社会已背负债务。美国西北互助人寿保险公司（Northwestern Mutual）的调查显示，不包括住房抵押贷款在内，美国"千禧一代"（1982年至2000年出生的人）背负着平均2.79万美元的个人债务，其中最大的债务来源是信用卡账单。根据嘉信理财的2019年财富报告，近2/3的"千禧一代"表示，他们是"月光族"，只有38%的人认为自己财务稳定。

陷阱之二：只要支付了最低还付款额，一切都OK！

在信用卡账单还款额一栏，持卡人可任选还款方式：全额还清或支付最低还款额。如果选择后者，必定掉进陷阱。当然，2000美元的信用卡债，如果每个月按时支付几十美元的最低还款额，账面上绝不会惹麻烦。但是今后20年甚至30年，就将被18%的利息"吃掉"。如果把这笔账倒过来算，大学生23岁毕业，不欠任何债务，每个月定存55美元，而不是等到43岁再存款投资，境遇将大大不一样。

陷阱之三：我需要！

信用卡的信贷额往往诱使年轻人忽视了一个字——"贷"。他们误以为只要不超越信贷额，就可以随心所欲地狂热消费。前几年，"美国老太和中国老太"的故事在中国流行了好一阵。但是现如今，无数"美国老太"还没来得及进天堂，就已经搬出了大屋。

加州有一对夫妻，夫妇俩带着两个孩子外加一条狗，住着300多平方米的大屋，进进出出开三辆车，上班夫妻各开一辆，逢周末出行全家人开辆大车。去年男主人失业，一年中三天打鱼两天晒网，无法找到薪资等同的工作，硬撑了一年后不得不拍卖房子，欲搬入90多平方米的公寓暂住。近两年在美国，这样的故事屡见不鲜，有意思的是，这对夫妻在搬家前有一个Moving sale，却令人叹为观止。

走进偌大的院子，首先映入眼帘的是一排电脑，共十来台，电脑边摆放着四台平面大电视，四套各种音响；游戏机、游戏软件及其配套物件应有尽有，足可以开一家小型电器商店。很显然，这一大摊东西属于家中的男主人。但女主人的"鞋子们"也不甘示弱地竖在鞋架上，五颜六色款式各异近200双，外带着数不完的各式衣裤，有些甚至连价码标签都还未剪掉。

这个家庭的经济状况正好似美国加州的缩影，进入了破产的倒计时，而整个美国的现状又恰似加州。与其说那对夫妇举行的是搬家大拍卖，倒不如说是他们对借贷消费方式的全面清算，是对奢华消费模式的全面清仓。正应了那句话："出来混迟早是要还的！"

陷阱之四：只拖延了一点时间，并没有不还款啊！

信用卡商最惯用以低利率来吸引新客户。但是低利率通常只锁定在头6个月，也可能是头12个月。如果不按期支付欠款，罚款利息便可以高达24%，甚至30%，包括花旗、美银这些大金融机构，简直像从前的高利贷，已达到三分利了。

这些唯利是图的信用卡商，为追逐利润不择手段，图利的计算已从简单的循环信贷形式，发展成复合作用、平衡各种不同利率的复杂性金融工具。发卡机构往往诱惑人们把其他机构的信用卡余额转移过来，答应在一定期限内（通常3～6个月）给予相对较低的利率。但事实上，这个期限一旦过去，发卡机构便有权任意调升利率，持卡人被迫做了这样的调整，几个月之后便发现利率大幅跳升，连跳脚都来不及。

但美国信贷消费已然成形。2018年，有21%的人表示他们的信用卡债务比应急储蓄金额要大。根据美联储的数据，截至2018年12月，美国信用卡债务达到8700亿美元，是有史以来的最高金额。信用卡余额较上一季度增加260亿美元。据研究机构creditcards.com的行业分析师泰德·罗斯曼说，大约

40%的美国人有足够的收入来偿还他们的债务，而且每个月都全额付清。然而，对于剩下的60%来说，保持较高的信用卡余额意味着每年要支付数百美元的利息，而且信用评分可能很低。如此一来，信用卡公司及银行的损失也是巨大的。

例如2008年时，美国运通公司第三季度被迫宣布15亿美元亏损；美银也销账30亿美元，比2007年同期增长了50%。美银的发言人鲍勃·施蒂克勒说："……恢复盈利需要一段时间……"羊毛总是出在羊身上的。银行和信用卡公司恢复盈利的手段就是上调利率，根据信用卡消费组织的一项调查发现，37%的信用卡公司纷纷全面上调利率，即使对信用记录相对较好的消费者。这一惩罚性的手段，迫使一部分家庭和个人走向破产。2008年，多达130万美国人申请了破产。

根据纽约州联储数据，其总负债额已经升至13万亿美元。美国人确实在花钱，但他们所花的钱都用来还信用卡债务了。数据显示，仅仅在2017年第四季度内，美国民众信用卡卡债总额就增长了240亿美元。美国信用卡市场或将面临崩盘的命运。

比较"幸运"的是美国消费者有破产保护法，一旦个人或家庭无力偿还贷款，可以申请破产保护，债主便不能再逼债，得由法庭出面做合理的判决，使破产者有一个重建信用的机会。因此北美（加拿大也相同）被债务逼迫导致亲情破裂或自杀的案例非常有限，除非失去了活下去的勇气，准备一了百了。

而中国不同于美国，还不起债不可以申请破产保护。在中国，儿子欠债老子还，老子欠债全家还是天经地义的事情，有多少家庭因此而感情破裂。

而家庭是社会最小的细胞，提倡和谐社会，家庭首先要和谐，不然就成了一句空话。

台湾比大陆更早使用信贷消费，"卡奴"一词还源于台湾。台湾的金融机构将连续三个月无力偿还银行最低还款额的消费者定义为"卡奴"，现在台湾的"卡奴"已接近百万之多。报纸上经常报道，年老的奶奶因卡债杀死自己的亲孙女，年少的主妇因卡债携子女跳楼自杀……每一例都触目惊心。"卡奴"绝望地挣扎在自杀—犯罪—抗争的边缘，因为卡债逼人，有人流落街头成为游民，更多的"卡奴"因债台高筑陷入忧虑症的边缘。他们的命运反映出人性的弱点，更折射出"卡奴"带给社会的危害。

华尔街创导鼓动的信贷消费模式，随着信用卡在中国普及后，也依样画葫芦地在中国开花结果了，尽管中国1985年才发行第一张信用卡，全面普及信用卡大约在2003年。短短几年工夫，"用明天的钱圆今天的梦"令无数民众在房贷、车贷、装修贷款、旅游贷款、信用卡等信贷产品的冲击下，沦为房奴、车奴和卡奴。

而信用卡消费的最大宗商品就是汽车了。于是中国某些"专家学者"称，与美国相比，中国信用卡规模占银行总资产规模的比重仍然较低，尽管信用卡信贷总额已经接近7000亿元人民币，相比起美国只有其1/8，真正具有潜在风险的信贷额度仅占很小比重。因此，美国信用卡危机对中国信用卡

广汽丰田	雅力士、凯美瑞	12期 24期 36期	5% 9.5% 12.5%	4万元-15万元	不得低于购车价格的30%

图 7.1 车易购官网目前的价格政策

产业的负面影响是可控的。毕竟，汽车作为整个经济的消费产业，能够带动100多个行业，可以拉动钢铁、电子、化工、橡胶工业和玻璃工业，汽车座椅还可以拉动纺织业和制革工业。

于是车市淡季的时候，各银行纷纷呼应"专家学者"的分析，深圳发展银行推出个人贷款超值解决方案，以车贷新产品吸引消费者：北京奔驰首付仅需25%，可享受五年超低息贷款，或者选择首付50%，第二年还清贷款，优惠免息买车。

以招商银行独家推出"车购易"的方案为例，意欲买车的消费者最低只需月供1250元，就可轻松拥有雅力士或凯美瑞。有的银行更为信用卡用户提供了"零利息、零担保、零房产、零手续费"的多重优惠条件，最快两天即可提车，也无需提供繁琐的审查资料。而中国银行和深发银行则推出了"直客式"车贷，这一贷款形式是以汽车为抵押，贷款期限最长可达五年，使消费者能够绕开许多中间环节，可直接省却5%的购车费用。

各大银行新招频频，令雨后春笋般破土而出的汽车金融公司，如通用金融、大众金融以及福特金融也不甘示弱。一场抢占车贷客户的拼搏开始了。

汽车金融公司的优势在于首付比例低，甚至0首付，贷款时间长，但贷款利率却比银行高出3%。那时商业银行的利率是7.36%，汽车金融公司的利率就要收取10.36%。一般商业银行的贷款利率为7.02%～8.02%，通用金融却要收取13.71%，几乎是商业银行的一倍。

还记得吗？汽车金融公司里有挺进中国的外国资本，就拿通用汽车金融公司来说，美国通用汽车（GMAC LLC）占了40%的股份。他们先用低首付诱使客户上钩，然后以高利率吃住客户，贷款时间拖得越长，就赚得越多。

许多消费者根本不懂利率的杀伤力，往往等手续办理完毕，才感觉被高利贷套牢，此时后悔洒热泪都没用，合同都签了。信贷消费的危害，就在于扭曲了市场真正的供求关系，使原本毫无购买力的消费者靠银行信贷似乎有了"能力"，令市场"那只看不见的手"，失去了自动调节的作用。

在银行工作过的人都知道，银行通过贷款就能"创造"货币。举例来说，假设银行给甲客户房贷100万，那么该客户账上就被记入100万。因为这100万还是存在银行的账上；于是，银行就可以把这笔贷款作为甲客户的存款再次贷给乙客户，乙客户也获得房贷100万，但是这笔钱仍然存在银行里没动，因此银行可以继续放贷。在这个过程中，银行每贷一次款，就同时创造了一笔等额存款，也就创造了一笔等额的货币。就整个银行系统来说，可以在其资本金和存款基础上无限制地贷款。

由于银行放松信贷，使市场的真正供求关系遭到严重的扭曲。比如原本年收入10万的家庭只供得起50万的房子，但在低利率房贷的支撑下，"变"得能够支付七八十万，甚至100万的房子；本来要存好几年钱才能买得起的奔驰，只要向银行一贷款，立刻可以在高速路上奔驰起来。通胀就这样炼成了。这几年借款人和贷款人全都信心百倍，因此推动了借贷额持续升高，也就是所谓的流动性过剩，形成通货膨胀。

这看似是一笔皆大欢喜的买卖——银行赚利息，老百姓则可以"用明天的钱圆今天的梦"，先享受起来，但"出来混迟早是要还的"，银行贷款就像铁链一般环环相扣，一旦借款人丧失还贷能力，铁链的一环便断裂，银行的账上就会出现窟窿，到达某一个点之后，泡沫会突然被刺破，游戏也就玩不下去了。

美国通用集团为了与日本车厂抢客户，推出以零利率、零首付为诱饵的销售方式，使原本每十年换新车的消费者无法抵御诱惑，变成每三年换新车，扭曲了真实的供求关系，导致车厂盲目生产汽车。结果金融海啸一来，消费者还不出欠款，使通用汽车烂账一大堆，导致巨额亏损，又因其"大到不能倒"，不得不靠纳税人输血。美国财政部2008年注资50亿美元"救助"通用公司，2009年5月又追加了75亿美元。直到今天，通用汽车还在亏损当中。

通用汽车的失败模式明明立在眼前，中国为何还要学呢？过去一年，世界各国都为金融危机付出了沉重的代价，现在更应该认识到：经济发展欲速则不达。由于过度放松信贷，人为刺激经济，造成房市、股市猛涨的荣景，就好似海市蜃楼，金融危机迟早来临；而当危机来临后，又期望人为地缩短其过程，不惜巨额赤字刺激经济复苏，甚至想跳过必经的通缩期，那就更徒劳。殊不知，现在"救助""刺激"经济的手段，本身就是造成这次危机的根源。很显然，下一个更大的危机正在酝酿之中。

目前，经济学界因为害怕引起恐慌，都有意回避使用"通缩"这两个字眼。事实上，在特定情况下，适度的通缩是件好事，尤其在经济复苏的当口，通缩能使供求关系渐渐趋于合理；对企业加快固定资产投资、发展生产都有好处。经济的通胀和通缩，就像月圆月缺和潮涨潮落那样自然，人为调控只能舒缓一时，而潮涨过度便会形成海啸。

在此，我举两个北欧国家的例子，一个是挪威，一个是冰岛。后者学美国"金融化"，走虚拟经济发展的路，导致国家面临破产；前者踏踏实实发展生产，靠储蓄节俭成为全球最富足的国家，几乎与中国"人法地，地法天，天法道，道法自然"的智慧结晶相呼应，那就是下面要说的。

明亮的灯塔——北欧模式

　　一位曾经去挪威出差一段时间的朋友回来抱怨，在挪威，早上十点以前根本买不到咖啡，因为咖啡店最早也要十点才开始营业，而傍晚六点又早早歇业了。如果是礼拜天，街上的商店统统处于关门状态，哪里像纽约，早上五、六点就能买到咖啡，即使是凌晨一点，一些连锁快餐店依然有咖啡在售。

　　另一位远嫁瑞典的朋友则告诉我们，瑞典的上班族一年中几乎有半年都在休假。为什么呢？一方面，政府机关和政府所属单位会在每年的6月到8月给员工放两个暑假，特别是歌剧院、图书馆、博物馆这类由国家供养的文化机构；另一方面，民营企业虽然只放三周暑假，但他们会在圣诞新年时再放两周假期，所有的假期都是带薪休假。除此之外，还有其他固定假、病假与事假，粗粗一算，可不就是一年时间半年假吗？

　　北欧福利好是早有耳闻的，但没想到能这么好！夏季上班族的父母可以跟孩子一起放暑假，找一个度假的好去处，去沙滩享受日光浴、海面上尽情冲浪、度假屋里放松身心、培养父母与子女之间的亲情。这么长的假期，北欧国家又离得近，即使来一场跨国旅游也未尝不可。相较而言，挪威人对赚钱没那么迫切，而瑞典人的假期福利十分优渥，似乎在这两个国家看不见市场竞争的影子，难道是北欧人太"懒惰"了？

拥有堪比平原优秀经济形势的挪威，却是实实在在的"山国"。挪威是一个狭长的南北走向国家，斯堪的纳维亚山脉贯穿全境，多高原、山地与冰川；地质方面多是花岗岩、片麻岩、板岩与砂岩，土壤贫瘠。由于挪威的纬度过高，昼夜时长随季节波动较大，5月下旬到7月下旬能达到20小时的昼长，而11月下旬到1月下旬时昼长又极短。这样日夜分明的自然环境使挪威人养成了爱好户外活动、珍惜资源、勤俭节约的好习惯。中国过去的旧货商店来到挪威后被称作"勤俭商店"，开遍了挪威的街头巷尾，挪威对于勤俭节约的态度可见一斑。

20世纪60年代，挪威大陆架发现石油与天然气后，石油与天然气成为挪威经济发展的重要驱动力。据调查，当时挪威石油与天然气的出口收入占总出口的45%，只少于苏联与沙特阿拉伯这两个石油出口大国，但出口只占挪威整个GDP的20%。

按理说，挪威石油资源丰富，人均石油储量更是排名世界第一，又毗邻世界汽车生产大国——德国，完全有能力发展汽车工业。但挪威却仿佛看不见这个巨大的收益口，相反，政府还鼓励引导民众出行尽量用单车或者步行。挪威首都奥斯陆更是公费购买大量单车供民众免费使用，拥有全世界最便捷智能、分布密度最高的Oslo Bysykkel自行车租赁系统。挪威的都市与郊外相距不远，也是一个很适合骑行的城市。挪威街头鲜有豪车斗富，人们也不认为开豪车是令人艳羡的事情。

无论是多小的习惯与传统，都必须从小培养，挪威更是几十年来践行此理。"步行上学"一直是奥斯陆市政府的市政规划。奥斯陆的父母不得开车将孩子送至学校，家长可以采取轮流制，每天由一名家长护送孩子们到学校。这样既能保证孩子们的安全，也遵守了奥斯陆市政府的规定。为了保证孩子们的出行安全，奥斯陆市政府也做了诸多努力。比如政府通过立法，提高道路交通的畅通度，确保步行路线的安全，即使是市中心也不例外。挪威的自然环境与政府的正确引导，使挪威人一直保留着徒步远足与滑雪这一代代相传的传统习惯。

在挪威人的眼中，没有所谓的"环保车"，只要是车，就不存在"绿色环保"一说。在挪威，汽车广告必须是"真相广告"，会受到国家消费者监察部的监管。2008年1月由国家消费者监察部发布的新限制规定，凡是汽车广告，一律不得使用"绿色""清洁""环保"等与事实不符的字样。

在中国，几乎年年举行汽车广告评选活动，"挑战未来""尊贵""时尚""动力"是汽车厂商最爱的字眼，对于汽车给环境造成的严重污染，显然不在汽车商的考虑范围。他们投放几十亿，甚至几百亿的广告费，目的就一个——多销汽车多创利。投入大笔金钱做"真相广告"，岂不是傻到家了？结果呢，我国二氧化碳排放量每年达到了10357万吨，是世界上碳排放量最多的十大国家之一。2018年全球二氧化碳排放增长1.7%，排放总量达到331亿吨，创历史最高水平。其中中国在这一年的碳排放增长2.5%，总量达到95亿吨。

可是挪威人却制定法律，禁止模糊的广告用语误导民众。因为汽车造成环境污染是毋庸置疑的事实，保护环境人人有责。不但挪威人爱骑车，连比利时的布鲁日、荷兰的阿姆斯特丹这些北欧城市，马路上也多是骑车之人，车辆稀少。但是仰望这些城市的天空，无一不是蓝天白云。相比之下，北美的空气就不及北欧清新。

由于北美地广人稀，城市的规划模型为郊外居住，开车或坐火车至商业中心上班，唯有纽约曼哈顿没有郊区化，因此汽车文化使曼哈顿的交通几近瘫痪。20世纪90年代初，当时的纽约市长丁肯斯曾派团到上海，向自行车大国的大上海取经，鼓励民众放弃私家车，骑车或坐公交车上下班。由于政府的积极疏导，曼哈顿的交通状况才得以环节。

而如今，上海倒像当年的曼哈顿，从美国承继的汽车文化几乎使上海变成巨大的停车场，汽车举步维艰，反而降低了生产效率。中国人口众多，并且正迈向城市化，人均石油资源又匮乏，发展汽车业使许多原本空气洁净的城市，名列不适宜居住地。像欧洲那样发展公共交通、提倡骑单车，才是节约能源、用好能源、不被金融霸权卡住脖子的有效手段。在这点上，挪威的经验就显得更可贵了。

挪威的石油出口为挪威政府带来了巨大的财富，面对这笔钱，挪威政府既没有不知所措，也没有挥金如土，反而将挪威人勤俭节约的传统发挥到极致。他们理智地认识到石油资源终是有限的，依靠石油出口的收入生活并不稳定。并且，挪威的人口老龄化也十分严重，于是，挪威政府将所有石油出口的收入都存到一个主权财富基金账户——全球政府养老基金，为挪威人的养老早做打算。

目前，挪威养老基金已然成为世界上最大的投资基金，截至2017年底，总资产达9989亿美元，超过了排名第二的中国养老基金（总资产9000亿美元）以及第三的阿布扎比投资管理局（总资产达8280亿美元）。

然而，挪威养老基金的投资选择也极具道德准则。例如，该基金不得投资于生产核武器的企业，这种高度透明的投资计划受到了国际社会的赞扬。不但投资具有规范准则，使用基金也有预算。政府明确规定，每年从基金提取的资金不得超过基金数额的4%（4%为基金正常的回报率）。

政府的表率作用还体现在工资制定上。挪威每小时的生产率水平及平均小时工资在世界上是最高的，社会平等的价值观，确保了公司首席执行官的薪酬与工人最低工资的差额，一般相差2～3倍，不得超过7倍。这完全体现在挪威的低基尼系数上。

社会财富的相对平均分配，使得挪威人人都能接受良好的教育，公民有权免费接受小学、中学和大学教育，因此人人有工作，个个心理平和。工作已不是谋生的手段，选择自己感兴趣的工作，在体现个人价值观的同时又为社会作出贡献，这才是挪威人上班的目的。有鉴于此，即使金融风暴过后，挪威GDP在西方发达国家是最高的，失业率却是最低的，仅仅为2.6%（2009年10月，美国失业率为9.7%，加拿大为8.3%，英国为7.8%）。

反观中国改革开放40年，国家富裕了，但普通百姓的生活水平是否真正提高了？政府投资于改善农村孩子读书难、上大学难的具体措施落实了多少？教育的意义大家都知道，这里不需多作解释，不过挪威社会平等的价值观和极小的贫富两级差距，很值得中国政府借鉴。

2010年，加拿大的"商业繁荣潜力指数"预测了未来十年经济将繁荣发展的30个国家。这项排名是根据国际经合组织（OECD）提供的数据，从各个地区的人口、贸易、能源、科技和教育几方面，预测未来经济可持续发展的国家名单：挪威列第二，排在瑞典之后，芬兰名列第三。很可惜，中国未在30个国家的排名之列。

就排名显示，前三名都是北欧国家，而我们熟知的经济强国——美国仅排在第十二名。如果说挪威由于得天独厚的地理位置与运输技术，免受美国与其他欧洲国家生活的影响，经济发展潜力比美国大尚可接受。那为何挪威也能免受金融

> 挪威人有着属于自己的价值观与传统，绝不可能轻易被腐蚀，即使是金融霸权也无可奈何。

霸权的控制？根本原因在于挪威人有着属于自己的价值观与传统，绝不可能轻易被腐蚀，即使是金融霸权也无可奈何。

因为挪威人不开车、喜欢徒步、爱好运动的习惯并未改变，传统的饮食习惯也没有被快餐文化入侵，挪威人的菜单依旧被鱼、土豆、肉和蔬菜占据着。受自然地理环境的制约，北欧地产贫瘠，物价高昂，所以几乎所有北欧人在饮食方面都十分节俭，挪威也不例外。他们很少外出就餐，无论是在家中用餐，还是上班时带的便当，或是附近商店购买的午餐，无一例外都是一个量很小的"Matpakke"。挪威的餐厅数量比美国少很多，饭食的量也小很多，美国一人份的菜相当于挪威的三人份。因此，直到现在，美国的快餐连锁也没有在挪威打开市场。

中国的饮食文化久远深厚，以五谷杂粮为主食，搭配蔬菜瓜果、河鲜飞禽，运用多种烹饪方法使之色香味融合，是难得的佳肴。中国的八大菜系美名远播，众多传统名菜不仅受到中国人的喜爱，也得到许多外国友人的赞誉。但面对美国快餐文化的侵袭，中国人却抛弃了传统的中国美食与健康的饮食习惯，令美国的垃圾食品在中国泛滥成灾。截至2010年，肯德基第3000家餐厅在上海开业；截至2019年1月，麦当劳在中国内地拥有近2400家门店。这类典型的美式快餐，菜单主要包括汉堡、乳酪、炸薯条、炸鸡块与各

种碳酸饮料，是高脂肪、高热量、高油脂的代表。长期食用这类垃圾食品会给身体造成极大的负担。酷爱垃圾食品的克林顿年仅50多岁，心血管堵塞了80%，不得不多次进行心脏手术，可见，垃圾食品的危害明显。

但中国人似乎并未意识到垃圾食品的危害，反而诸多影视作品将去肯德基、麦当劳、必胜客等快餐店用餐描述为时尚行为，以去美式快餐店消费为荣。可能正是这种"四高"的饮食习惯，促使中国糖尿病人增长速度达到世界第二。例如，北京45岁以上的人患糖尿病的比率高达16%，同时还有大量糖耐量递减人群是潜在的糖尿病患者。这一比率比肯德基、麦当劳、必胜客的发源地美国还要高。事实证明，美国不健康的饮食习惯正在毒害中国的青少年以及成年人，侵蚀中国优秀健康的饮食传统。

根据世界卫生组织的报道，截至2016年，糖尿病估计直接造成160万例死亡，所有死亡中有超过半数发生在70岁之前，这一年糖尿病被列为第七大主要死因。美国曾一度是糖尿病爆发的重灾区，从1990年～2007年，美国每100名成人当中就有7.8例新诊断糖尿病患者，其中因体重超标而患糖尿病的占比较大。而挪威人不论是用餐的量还是菜单的内容都比美国人健康得多，自然减少了得病的可能。美国人在得糖尿病后，除了要应对高昂的医疗费用，还要在家庭、报销处与工作单位间疲于奔命，个人的生活质量也随之下降，但这些烦恼挪威人都没有。挪威的糖尿病例在西方国家中是最少的，仅3.6%。并且根据世界卫生组织2016年国家概况显示，挪威人的死因构成中糖尿病仅占2%。

社会平等的价值观、最低工资的差额、低失业率以及完整的社会保障制度，使挪威受金融危机的影响极其有限。相反，收入差距越大的西方国家，受金融危机冲击的影响也就越大。为什么？

以美国为例，美国的富人是金字塔顶端的少部分，虽然拥有大量财富，但终究只是一个平凡人，既不能一次吃数次大餐，也不能同时开数辆豪车；而美国的普通民众，连买一个属于自己的房子都困难，更不用说购买豪车了。通常严重的金融危机必定伴随着通货膨胀，而通货膨胀则直接降低了普通民众的收入，削弱了他们的购买力。严重通货膨胀的一个原因就是美国社会鼓励超前消费、借贷消费。生活质量高于银行存款的信念被吹捧， 98%的穷人（在美国，中产阶级与穷人仅相差三个月工资）为了能拥有舒适的住宅、快捷的出

> 危机过后才可看清，挪威的经济模式是人类社会的典范，就像一个家庭，量入为出勤奋工作，社会财富才能累积增长。

行工具，提高自己的生活质量，主动向2%的富人借贷。而富人的每一分钱不仅关乎到穷人的生活，又与金融系统的运转紧密相连。

危机过后才可看清，挪威的经济模式是人类社会的典范，就像一个家庭，量入为出勤奋工作，社会财富才能累积增长。与此相反，指望"金融化"天上掉馅饼，北欧另一个国家冰岛就是个极好的反面教材。正是"金融化"这一借贷模式，差点把冰岛给"融化"了。

冰岛同样是北欧国家，曾经是名列世界第七的富有国家（按人均GDP[名义]54858美元计算），同时也是世界第五大（按GDP平价40112美元计）购买力生产国。虽然冰岛是高度发达的国家，但是在欧洲，它仍然属于新兴的工业化发展国家。20世纪初，冰岛在欧洲国家中是最贫穷的。冰岛的经济发展始于第二次世界大战后工业化捕鱼和马歇尔计划的援助，再加上采用凯恩斯主义——政府管理干预经济的政策，冰岛经济快速起飞。

强劲的经济增长，使冰岛近几十年刚拥有现代化基础设施。冰岛除了有丰富的水电和地热发电资源外，天然资源很缺乏；国内经济很大程度依赖捕鱼，目前40%的出口收入依然仰赖渔业生产。就像迪拜由于石油枯竭导致国家依赖建筑打造旅游业一样，随着鱼类种群不断减少及鱼类制品市场价格下跌，冰岛经济变得相对脆弱。1992年，冰岛加入了欧洲经济区，开始实行经济多样化。过去十年中，冰岛经济扩张伸向了制造业和服务行业，旅游部门扩大养殖鲸鱼来吸引观鲸的游客，软件生产、生物技术和金融业发展也很迅猛，特别是金融业。

在冰岛的酒吧间，当地居民见了外国人很冷静、很谨慎，但是当大家一聊开，便可知道冰岛人十分自豪本民族的文化遗产、科学技术和傲人的经济成就。原本冰岛经济多样化的发展模式无可厚非，甚至是非常明智的。但由于冰岛太想赶超欧洲等其他国家，甩掉它贫穷（欧洲最贫穷）的帽子，急于求"富"的心态，导致冰岛人不再愿意脚踏实地干实业，冰岛政府2003年作出了一个重大的错误决定：把负有盛名的捕鱼业搁置一边，建立一个全球性的金融强国。

事实上，冰岛的困境源于20世纪90年代，自国家采取了新自由主义和自由放任的经济政策，紧跟美国经济模型，2001年对银行解除了严格的监管制度。这个笼套一松解，为国家濒临破产埋下了一颗定时炸弹。近年来，冰岛银行业实行海外扩张策略，从华尔街学来了加大杠杆比率的绝招，为国家带来前总统口中"近乎童话"的成长率和盈利能力。正可谓"成也萧何，败也萧何"，过度的金融杠杆成了拖垮冰岛经济的罪魁祸首。

当冰岛在过去几年经济高速发展的时候，其银行向海外发放了大量贷款，因此，银行成为国内最强大的机构。危机发生前，冰岛三大银行Kaupthing、LandsbankiIslands和Glitnir的资产规模总计达到14.4万亿克朗（约合1280亿美元），超过2007年冰岛国内生产总值1.3万亿克朗（约合193.7亿美元）的11倍；而近十年，冰岛外债超过1383亿美元，是生产总值的7倍，单冰岛四大银行所欠的外债就已超过1000亿欧元。

冰岛国内狭小的金融市场，迫使冰岛银行融资贷款只能来自国内银行之间的借贷市场，以及吸收冰岛之外的存款（这也是一种形式的外债）。不但银行举债，冰岛家庭也大量举债，金额相当于213%的可支配收入；再加上冰岛央行向其银行发放的流动资金贷款，是按新发行的债券（不足以抵偿债务），最有效的解决方法——根据需求滥印货币，从而导致通货膨胀。

金融危机始于美国之时，大家都以为没有次贷业务的冰岛银行不会受其影响。但是，当华尔街全球化的大金融财团或倒闭、或奄奄一息、全球金融市场陷入信心危机的冰河之时，货币市场的融资活动停滞了，已经全球化的冰岛银行自然无法幸免于难，遭"海啸"席卷已成必然。

冰岛学习美国"金融化""证券化"及放松信贷模式，采取所谓的"新自由主义"经济政策，对银行解除严格的监管制度，私有化银行部门，采取高利率吸引外资，迅速扩大国家银行走向海外市场及降低税收。这些经济政策，使冰岛经济繁荣辉煌一时，被誉为"北欧虎"。可是最终，这头"北欧虎"不堪一击，倒在了自挖的陷阱里。

冰岛失败的教训和挪威成功的经验，完全是中国的一面镜子。相信中国"亡羊补牢"的路，在北欧模式灯塔的照耀下，终将走出符合中国国情的经济之路，守住14亿人民这些年辛苦积累的财富，以造福中国千秋万代。